MONTPELLIER

UNE VILLE AU CŒUR QUI BAT

La *Bibliothèque des régions*
est dirigée par Jean Viard

Série *Aube Sud*

© Éditions de l'Aube, 2006
www.aube.lu

ISBN 978-2-7526-0295-4

Ugo Rollin
Arnaud Venturi

Montpellier
une ville au cœur qui bat

éditions de l'aube

Dans la même série :
Portrait de Vaucluse, Jean Viard, Ugo Rollin, 2003
Portrait des Bouches-du-Rhône, Jean Viard, Ugo Rollin, 2005

Place de la Comédie. ▶

PRÉFACE

Montpellier, la Méditerranéenne, est une ville au cœur qui bat entre son centre historique, son dynamisme, ses habitants. Elle est née à la fin du Xe siècle quand des médecins chrétiens, juifs et arabes y ont posé les bases de ce qui est aujourd'hui la plus vieille faculté de médecine d'Europe, fondant ainsi, sur la tolérance, la culture de la cité. Cette valeur se retrouve dans son histoire, son patrimoine, son essor. Aujourd'hui, 25 % des Montpelliérains sont nés dans la ville. Là est la force de cette cité : un lieu de passage qui a su accueillir, et intégrer, des populations issues de toute la France, mais aussi d'autres pays du monde, et ce tout au long de son histoire. Refuge des juifs fuyant l'Espagne au XVe siècle, citadelle protestante après la Renaissance, destination des rapatriés d'Algérie dans les années 1960, Montpellier a réussi à fédérer les énergies, à faire vivre les habitants ensemble et pas seulement les uns à côté des autres. Ceci, avec l'essor économique, est toujours au cœur de nos préoccupations. Grâce à la construction de nouveaux quartiers, d'équipements publics au plus près des citoyens où mixité urbaine et sociale est une réalité – Antigone dans les années 1980, Malbosc ou Ovalie aujourd'hui – le cœur de Montpellier est au centre historique. L'Écusson ! Délimité au sud par la place de la Comédie et au nord par l'esplanade royale du Peyrou, entouré par les vestiges des murs de la commune clôture, le centre-ville est le « joyau de la couronne ». Piéton depuis 2004, ses multiples places sont autant de lieux de rencontres et d'échanges entre les Montpelliérains et les touristes. Ses ruelles étroites au charme tout médiéval sont des artères commerçantes qui font battre le cœur de la ville. Montpellier est une ville du Sud par son caractère, ses essences, sa lumière. Habituée à la résistance au pouvoir central, chargée de parfums, avec un nombre d'heures d'ensoleillement largement au-dessus de la moyenne nationale, Montpellier est une ville dynamique, où il fait bon vivre, qui accueille tous les ans plus de quatre mille nouveaux habitants. Capitale d'une des plus grandes régions viticoles du monde, la ville compte en même temps soixante-dix mille étudiants. Vous découvrirez en parcourant ce livre, rédigé par des gens de talent, ce qui fit et qui fait Montpellier ; vous ressentirez la vie qui anime cette ville, sa force et les lumières, vous en découvrirez les secrets. Vous y rencontrerez enfin des personnages qui y sont nés, qui y sont passés ou y ont vécu, de François Rabelais à Michel Galabru, en passant par Nostradamus et Lapeyronie… Vous saurez qu'elle fut espagnole, rattachée au royaume d'Aragon… Montpellier se dévoile à vous. Puisse ce livre vous faire aimer cette ville, vous rappeler les souvenirs de vos passages ou vous inviter à la découvrir. À bientôt à Montpellier…

Hélène Mandroux,
maire de Montpellier.

◀ *Les arches de l'aqueduc Saint-Clément.*

AVANT-PROPOS

Ce livre a un personnage et un seul. Ce personnage est une ville, ce qui n'est pas si fréquent pour un livre : Montpellier, ancestrale cité du Languedoc, huitième ville française, dynamique pôle méditerranéen, référence scientifique de niveau mondial. Écrit pour ses habitants, en particulier les jeunes – les lycéens, les étudiants en médecine, en droit ou en agro, les fils d'artisans et de viticulteurs qui peinent parfois à concilier le patrimoine culturel qu'on leur a transmis et les réalités du temps présent – mais aussi les cadres d'IBM, de Sanofi et des autres entreprises de hautes technologies qui s'installent depuis quarante ans dans la ville, ou les retraités qui viennent chercher ici une douceur de vie que les autres régions de France leur apportent moins. En somme, c'est un livre pour les jeunes et les moins jeunes, ceux qui sont nés ici, ceux qui viennent d'ailleurs, les arrivants anciens ou récents qui chaque année migrent par milliers. Un livre aussi pour les estivants fidèles et les exilés qui voudraient revenir, et peut-être un peu aussi pour les vacanciers, ne serait-ce que les touristes d'une nuit, et pour ce gros tiers de la population française qui prétend vouloir vivre un jour à Montpellier, parfois sans même avoir visité une seule fois la ville. Ce livre est écrit pour tous ceux qui aiment Montpellier, qu'ils y vivent ou qu'ils en rêvent. Il dresse un portrait de la ville, cherche à en saisir l'histoire, le peuplement, la morphologie, les enjeux, mais aussi l'esprit, car je crois qu'on peut parler, et ici particulièrement, d'un singulier esprit des lieux. À partir de là, on pourra essayer de saisir une part de l'avenir, si on peut la prévoir.

Ce livre est donc écrit pour des lecteurs venant d'horizons différents, connaissant déjà Montpellier ou découvrant la ville avec nous. Telle que nous aimerions la leur montrer en tout cas. Par exemple, savent-ils qu'elle était jadis une cité maritime, dont le port de Lattes exportait les draps, les étoffes et la renommée de ses seigneurs jusqu'en Orient ? Ils ont pourtant peut-être remarqué que la ville cherche à renouer avec le passé en misant son essor urbain sur une avancée vers l'est et vers la mer, la réunion de l'Écusson et des rives du Lez dans le même cœur de ville. Et savent-ils que Montpellier était réputée pour son accueil, son amour des sciences et de la connaissance, son cosmopolitisme, sa tolérance ? Cette histoire s'écrit au présent, dans les amphithéâtres des universités, au sein d'un tissu associatif dynamique et s'inspire des rencontres qui se passent dans la rue. Les enfants des écoles primaires de la Paillade et du Petit Bard connaissent-ils l'histoire de leurs quartiers, gigantesques barres de béton sorties de terre dans les années 1960 ? Aujourd'hui peut-être va-t-on les faire disparaître, alors même

◀ *Place Jean-Jaurès.*

qu'ils étaient tenus hier pour des havres de paix, modernes et généreux, bâtis en un temps record pour accueillir les rapatriés d'Afrique du Nord. Et les parents de ces enfants, ont-ils jamais remonté le Lez ou le Verdanson, cette rivière qui dissimule derrière un nom chatoyant une étymologie évoquant son ancienne fonction d'égout médiéval chargé d'immondices ? Ces cours d'eau sont surtout les nervures d'un système territorial charriant en deux sens les hommes, les idées, les marchandises. Le cœur de vie de Montpellier, mais aussi du département, voire de la région. Et d'où vient ce renouveau perpétuel qui a fait, en un demi-siècle, de Montpellier la ville la plus dynamique de France, une capitale régionale, trait d'union entre l'Europe continentale et le monde méditerranéen, entre la Catalogne et la Provence, entre la terre et la mer ? Combien ont pris le tramway, pas pour s'amuser entre deux stations, mais pour voir et feuilleter comme à livre ouvert les strates urbaines d'un paysage en recomposition ? Combien, pour se rendre à Palavas-les-Flots, ont pris le train de Dubout, même en rêve ? Si ce livre fait voyager le lecteur dans le temps, l'espace et l'imaginaire et l'aide à mieux saisir les mille et un visages de Montpellier, il aura alors atteint son but.

Une part de ce livre est donc descriptive, de l'histoire de Montpellier, de la géographie de son site, des hommes et des femmes qui y sont nés, qui y sont morts ou qui y sont juste passés, l'aimant avec passion, y souffrant avec douleur, certains ne la comprenant jamais. Elle sera pour l'essentiel traitée sous forme d'un dictionnaire des mots clés et des noms propres liés à Montpellier. Une forme légère permettant de déambuler dans la culture et le paysage montpelliérains, de picorer des bouts d'histoire, de découvrir des lieux cachés à l'ombre des bâtisses en pierre, d'écouter des anecdotes cocasses et de rencontrer ceux qu'elles mettent en scène comme des comédiens vont à la rencontre de leur public après le spectacle. Montpellier n'est-elle d'ailleurs pas organisée autour de cette place de l'Œuf, la Comédie, comme si toute la ville était mise en abîme, ce procédé littéraire qui représente une pièce de théâtre à l'intérieur d'une autre pièce et fait du public un acteur de la représentation ? Car les vrais acteurs de Montpellier sont finalement ceux qui l'habitent. Ils pourront donc utiliser ce dictionnaire pour voyager dans leur ville, s'y laisser porter au gré des quelque trois cents articles que nous avons sélectionnés. Ils pourront aussi s'en servir pour chercher directement une information précise sur un site, un monument, un personnage, une époque ou un simple détail. Cependant nous voudrions aller plus loin, passer de la description factuelle du territoire aux manières de l'habiter. Passer des faits à l'esprit qui les a inspirés, animés, tendus vers l'avenir. L'esprit des lieux.

Même pour ceux qui connaissent peu l'histoire locale, chaque pas dans la ville est imprégné de son histoire longue et de l'extraordinaire vitalité du présent. La ville a plus de mille ans. Un millénaire durant lequel le Rhône a déversé ses alluvions le long des côtes à l'ouest, de

Port Marianne. ▶

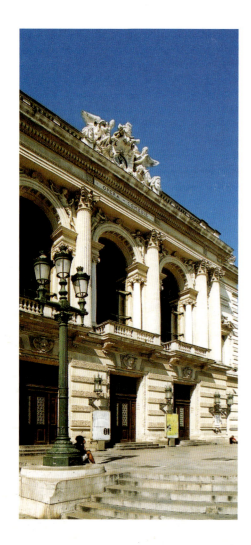

son delta d'Aigues-Mortes jusqu'à Narbonne, ensablant peu à peu le littoral. Mille ans où la chrétienté rayonnant autour de Rome a utilisé la route du Languedoc vers Barcelone et Madrid. Presque mille ans où Montpellier est, avec Salerne, Bologne ou Paris, un des lieux privilégiés où, sans que l'on en connaisse les origines précises, l'enseignement universitaire s'est peu à peu organisé. Il faut donc penser la ville comme un relais de ce long Languedoc qui file, entre mer et Massif central, d'Avignon vers Toulouse et l'Espagne. Route de la terre souvent plus sûre que celle de la mer exposée aux pirates barbaresques et aux tempêtes brutales du climat méditerranéen.

Avant que la Provence ne devienne française au XVe siècle, Montpellier, en tandem avec Toulouse, est le relais du pouvoir central en pays d'Oc. Fenêtre sud du royaume donnant sur la mer, ce Languedoc rhodanien perdra peu à peu sa position au profit de Marseille. La Révolution française, les découpages départementaux qui affaiblissent les anciennes villes royales et le développement industriel du Nord défavorisent la ville. Elle devient terrienne au XIXe siècle et sa bourgeoisie achète massivement de la terre, notamment grâce aux biens nationaux. Intégrée dans l'épopée du vin où viticulture et train vont nouer une relation intime pour bousculer les habitudes alimentaires de la France industrielle, elle n'en sera pourtant pas le cœur. C'est Béziers le centre de « l'usine à vin » et du Midi rouge. Mais Montpellier tient sa part et ses vieux liens entre savoir et bourgeoisie urbaine lui permettront de jouer un grand rôle dans la recherche contre le phylloxéra. Déjà science et esprit d'entreprise sont liés, ouvrant à une relation inconnue dans les autres cités du Sud de la France.

C'est cette ville départementalisée depuis 1789 et dominée par une vraie bourgeoisie urbaine foncière et savante que va venir chercher la France gaulliste qui sent s'achever son aventure coloniale. Montpellier retrouve, dans les années 1960, des responsabilités

◀ L'opéra Comédie.

Place de la Comédie vue depuis l'opéra. ▶

administratives élargies. Elle profite de l'essor puissant des cités du Sud de l'hexagone qui savent lier tourisme, nouvelle économie, recherche et enseignement. Pensons à Nice, Toulouse ou Aix. Paris la choisit comme capitale seconde pendant que Marseille, noyau de l'Empire et des relations Nord-Sud, se trouve un demi-siècle durant écrasée par sa mémoire coloniale et sa pauvreté de ville de commerce qui a perdu ses comptoirs. Mais Montpellier va aller plus loin et plus vite que ne l'espéraient ceux qui la favorisèrent dans les années 1960. Car sa vieille culture de la diversité et de la tolérance, son savoir-lier entreprises et sciences, son cadre architectural et naturel, tout concourt, avec une gestion municipale ambitieuse et portée vers l'avenir, à ce que la cité prenne en main sa propre transformation. La ville alors croît en hommes mais aussi en savoir et en capacité à faire rêver. Peu à peu, sa population se diffuse autour de la cité et la ville prend pouvoir dans une texture urbaine plus large et plus complexe. Une ville nouvelle est pour ainsi dire née dans le corps, et la mémoire, de la ville ancienne, la vitalité du flot humain qui ne cesse de traverser la place de la Comédie en étant comme la preuve et l'emblème. Reste à enraciner cette créativité dans la longue durée et le renforcement d'une mémoire commune et, pourrait-on dire, d'une identité renouvelée.

Jean Viard,
directeur de recherche CNRS au Cevipof.

INTRODUCTION

Montpellier est donc une grande ville, la huitième de France, presque 250 000 âmes. Une telle concentration humaine ne va pas sans un morcellement des espaces et des cultures qui y sont attachées. Ces éléments en apparence disparates se mélangent et font système, formant une architecture complexe qui trouve son origine dans un passé cosmopolite. La rénovation du centre-ville, son étirement sur Antigone jusqu'à Port Marianne, la promotion du Lez comme articulation principale entre l'agglomération, ses plages et son hinterland, l'éclatement des universités dans tous les centres de recherche qui enserrent aujourd'hui Montpellier, l'arrivée du TGV et du tram, tous sont, parmi ces phénomènes, les plus récents et les plus éclatants des mutations profondes qui puisent leurs racines dans la mémoire de la ville, qui transmettent cette mémoire aux nouveaux arrivants presque malgré eux. L'objet de ce livre est de rendre compte des particularités et de ce qui fait sens commun, des mutations et des permanences. Notre vie quotidienne se dessine dans cet entre-deux. Elle est portée par le choc de ces contraires, les forces qui s'en dégagent, les problèmes qui en surgissent. D'autant que nous pensons qu'il y a des liens étroits entre cette ville qui s'invente un présent commun et sa force attractive. Notre époque aime la diversité des territoires, des êtres et des couleurs quand ils cohabitent de manière créative.

Il y a l'Écusson bien sûr, ce centre-ville rénové dans l'esprit médiéval qui présida à sa création, même s'il s'est orné depuis d'hôtels particuliers construits entre le XVIIᵉ et le XIXᵉ siècle, arborant l'arrogante réussite des serviteurs du roi, des propriétaires

Place Chabaneau. ▶

agricoles embourgeoisés ou des entrepreneurs enrichis par le chemin de fer. Des artères nouvelles se surimposent aujourd'hui aux ruelles commerçantes, les prolongent et irriguent d'autres quartiers pour faire grandir le cœur de ville. Et le faire battre plus fort. L'extension de l'Écusson achève un mouvement historique car Montpellier centre a déjà connu plusieurs greffes. La Comédie, la première, point nodal et pourtant bordure sud du centre historique, pourrait se voir consacrer un livre entier tant elle incarne le souffle et la vivacité de la ville : les Montpelliérains s'y arrêtent finalement peu, ils la traversent à toute allure et de toutes parts, suivant des trajectoires complexes. Ce n'est souvent que lorsqu'ils n'y sont déjà plus qu'ils se souviennent du charme qui s'en exhale. Les jardins sur la terrasse de l'esplanade du Peyrou, au nord, ouvrent déjà la ville vers sa périphérie, invitent à voir Montpellier comme le centre d'un espace qui dépasse largement les frontières de son urbanité. L'aqueduc Saint-Clément, qui alimente en eau les alentours, est comme le symbole de la vie partant du cœur vers les quartiers environnants. Et il y a les universités, dont celle de médecine, fondée en 1220, est aujourd'hui la plus ancienne d'Europe depuis la fermeture de celle de Salerne. Ces temples de la connaissance sont aujourd'hui engagés dans une ambitieuse collaboration avec les parcs d'activités de la ville, Agropolis ou Euromédecine. Ils éclatent leur vieille implantation dans toute la ville et diffusent les synergies du savoir sur le territoire de l'agglomération. La citadelle, ensuite, menace de l'arbitraire royal pesant sur la ville effrontée, canalise désormais les flux des badauds vers les nouveaux quartiers. La majesté de l'édifice sert de lien entre les bâtisses médiévales de l'Écusson et l'architecture antique d'Antigone. Antigone, excroissance du centre-ville irrésistiblement attirée vers l'est et qui aspire à agrandir le centre de la ville. Cet ensemble monumental de béton étonne par sa cohérence, sa simplicité, l'élégance de ses formes et la convivialité qui s'en dégage. C'est bien vers les rives du Lez qu'aujourd'hui la greffe prend, et tient.

Au-delà du projet GrandCœur, le noyau central de Montpellier tend à s'éclater dans toute la ville par la mise en valeur des quartiers qui entourent l'Écusson. Et quel creuset des cultures ! Si Antigone s'inspire de l'Antiquité grecque, on retrouve vraiment l'atmosphère méditerranéenne à Figuerolles. Ce quartier populaire s'est construit par les vagues d'immigration successives de travailleurs agricoles et d'artisans, offrant leurs bras et leur courage pour unique recommandation. Paysans de l'Hérault, Espagnols, Italiens et Portugais, Gitans après-guerre, Maghrébins, tous partagent la même histoire de misère et d'espoir : la fierté et la solidarité des habitants, l'attachement à leur lieu de vie, les expéditions familiales au magasin Tati du boulevard Gambetta… La poursuite de leur intégration au centre est un des grands enjeux des années à venir, comme d'ailleurs celle des habitants de la Paillade ou du Petit

Antigone. ▶

Bard, qui rompent aujourd'hui leur isolement grâce au tramway. Mais entre la périphérie et le centre, les faubourgs ne sont pas vraiment rejetés du grand cœur. Le quartier du Courreau, ouvrier et pittoresque, se confond presque, au nord, avec les Arceaux, sa vie de village tranquille et ses classes moyennes. Plus au nord, le quartier à la mode, les Beaux-Arts, entre les quais des Tanneurs et du Verdanson et l'avenue de Nîmes, attire les artistes, les étudiants et les bobos en quête d'animation et de bas loyers. Mais comme ailleurs dans la ville, les rénovations urbaines modifient l'aspect des lieux et dépossèdent progressivement les premiers résidents de leur mémoire collective. Est-ce le centre-ville qui progresse ou le paysage urbain qui se recompose ?

Il y a Montpellier donc, mais il y a aussi sa façade maritime, entre Carnon, Palavas-les-Flots et Villeneuve-lès-Maguelone, appelée à devenir un axe majeur du développement de l'agglomération. Les liens entretenus avec les villes de l'intérieur des terres participent également au portrait de Montpellier. C'est d'elles dont les bourgeois montpelliérains ont tiré leur richesse foncière. Ce sont elles aussi qui alimentent les contingents d'étudiants captés par les universités. Je me souviens, enfant, des bourgs assoupis de l'Hérault, d'Agde à Pézenas, de Bédarieux à Capestang, de Mèze à Frontignan, mais aussi des villages aux noms chantants, Alignan-du-Vent, Espondeilhan, Saint-Guilhem-le-Désert, les expéditions en famille au Cap-d'Agde ou à La Grande-Motte, au port de Sète ou au lac du Salagou, autant de lieux aimablement chauvins et jalousement indépendants, mais tous situés, à des degrés divers, dans l'orbite de Montpellier. Et par-delà les querelles de clocher, on peut en dire autant de Nîmes à Perpignan. Montpellier, capitale de région ? Sans aucun doute. Par sa spectaculaire croissance contemporaine, Montpellier a sans doute contribué à vider la campagne et à empêcher le développement des autres villes du Languedoc et du Roussillon. Mais je ne me

◀ *Au bord du Lez.*   *Marché aux puces.* ▶

rappelle pas avoir jamais ressenti une antipathie à l'égard de Montpellier comparable à celle que Marseille, Lyon, Bordeaux ou Nice, autres géants sous la Loire, peuvent susciter. La ville semble sans tache, juste auréolée d'une flatteuse réputation de culture, de savoir-vivre et de qualité de vie.

C'est sur cette toile de fond que se sont construits et que s'enracinent les cultures, les identités, les paysages, les savoir-faire. Le travail sur l'image et l'imaginaire est loin d'être achevé, mais cette dynamique peut être profitable à long terme si l'on continue à puiser les racines de la modernité dans l'esprit des lieux. La prospérité que connaît aujourd'hui Montpellier vient évidemment de là. Elle est depuis un siècle une ville universitaire de premier plan, et fonde son avenir sur ce sédiment fécond. Fertile, il a favorisé la naissance d'une petite *sun belt* à la française, où les entreprises de hautes technologies pensent attirer plus facilement les cadres performants. Mais le monde de la libre entreprise n'est pas aussi éloigné de l'État qu'on veut bien le penser. Les deux font synergie, et si Montpellier plaît au privé, c'est que le public a su l'attirer : IBM ne devait-il pas s'installer à Béziers avant que la municipalité montpelliéraine ne convainque l'entreprise informatique américaine de la meilleure qualité de son site ? Montpellier est donc aussi un centre politique majeur, porteur d'une vision d'un autre Sud méditerranéen, entre le repli sur soi de la Catalogne et les rêves de grandeur du littoral azuréen. C'est enfin et corrélativement le lieu de villégiature et de retraite active qui monte. En somme, une côte authentique, chaleureuse et sans chiqué, qui n'aurait pas oublié les origines terriennes de son insolente réussite. Mais Montpellier, c'est un peu plus que cela. La renommée de la ville n'est pas une invention récente, même si les efforts entrepris dans ce sens ont relancé un tropisme qui s'était un peu fatigué avant-guerre. Le Languedoc a raté le virage des congés payés quand la Provence bâtissait son

◀ *Trompe-l'œil Saint-Roch.* ▶

essor sur cette révolution des temps libres. Aujourd'hui, c'est Montpellier qui met son image au service de sa région et ambitionne de lui montrer le chemin. Encore faut-il penser Montpellier non comme un îlot adossé à son arrière-pays et en retrait de son littoral, mais comme une personnalité forte et contrastée, qui se pense comme la matrice de la transition vers la modernité de son environnement. Une personnalité ambitieuse, mais finalement assez mal connue.

Là est la raison de ce petit livre. Montpellier est une ville qui s'habite. Nous allons essayer de la raconter. Pas à la façon d'un livre d'histoire égrenant des épisodes révolus et des noms oubliés. Pas non plus comme une brochure de voyage, partielle, partiale et vernissée de brillant. Pas davantage comme une publicité artificielle tellement ciblée qu'au moindre cillement du lecteur elle manque son but. Aucune de ces trois façons. Ou bien un peu des trois à la fois. Un regard nouveau, comme on raconte un tableau, non pour en décrire les détails – encore que certains sont savoureux et méritent qu'on les connaisse – mais pour en donner les lignes de force, les lignes d'horizon, l'énergie vitale qui s'en dégage. Expliquer le mouvement d'une ville et les raisons des transformations auxquelles nous assistons depuis un demi-siècle. Faire le portrait de Montpellier, un portrait qui ressemble à la ville, à son histoire, à ses habitants, dégager l'esprit des lieux. C'est dans cette perspective et avec cette ambition qu'est écrit ce livre.

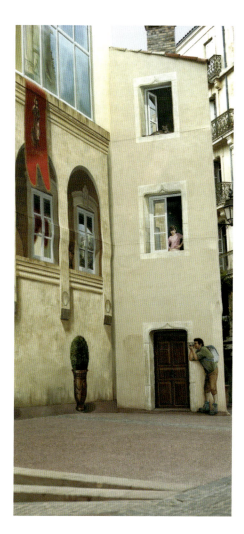

1.

l'esprit des lieux

Les Trois Grâces.

UN MILLÉNAIRE POUR APPRENDRE À VIVRE ENSEMBLE

Comment sonder les secrets d'une ville ? Paul Valéry, Sétois tombé amoureux de Montpellier, disait que rien ne nous est plus profond que la peau. La peau d'une ville ? C'est son écorce, ce qui se donne à voir, les images spontanément associées, les stigmates du passé, les éraflures du présent. La peau de Montpellier, c'est la majesté des Trois Grâces, le charme immédiat des rues enchevêtrées de l'Écusson, le soleil brûlant la place de la Comédie, l'excellence universitaire, la tradition médicinale et pharmaceutique, l'incroyable attraction des hommes et des idées depuis des siècles, le cosmopolitisme et la tolérance qui en découlent, le tramway, pourquoi pas les victoires du club de handball, bref, tous les signes de l'extraordinaire vitalité de cette ville. Ensuite, la peau enveloppe le système sanguin qui irrigue l'organisme, lui apporte son oxygène et le fait vivre. L'indispensable architecture souterraine de la vie. Les veines de Montpellier sont dissimulées dans la politique municipale, les initiatives associatives, les entreprises privées, etc. Elles alimentent le grand cœur que Montpellier s'est rêvé avant de le façonner, entraînant toute la ville et ses habitants dans une synergie des compétences et des savoir-faire, des enthousiasmes et des envies. Enfin, la peau recouvre le squelette et les muscles, indispensable armature. L'ossature de Montpellier tient dans un châssis façonné par les hommes et un millénaire d'histoire, charpente pour l'avenir. La colonne vertébrale de Montpellier indique son axe de croissance : extension du cœur et poursuite de la ruée vers l'est, jusqu'à la mer que jadis la ville bordait presque. Nous vous invitons ainsi à parcourir la peau de Montpellier, à en traverser les moindres sillons, à en décoller délicatement l'écorce pour saisir les inspirations de cette ville et comprendre son dynamisme. C'est cette image multi-facettes de Montpellier que nous allons essayer de réfléchir, dans les deux sens du terme : la voir et la penser. En somme, cerner l'esprit des lieux.

Œuvre de Sarkis.

L'ÉCORCE VIVE DE MONTPELLIER

Montpellier brille pour celui qui la découvre. Elle l'emporte dans une sarabande de lumières, de couleurs, d'essences et de parfums. Il faut d'abord se plonger et se perdre dans les images portées par cette ville pour pouvoir comprendre l'horlogerie fine qui organise cet attirail. Le dynamisme composite de Montpellier et sa croissance vertigineuse donnent l'ivresse, mais ne sont en rien dus au hasard.

Représenter les emblèmes de Montpellier pourrait nous conduire à parler du sceau de la ville arborant, comme double blason, une vierge à l'enfant et l'enceinte de la cité perchée sur sa colline originelle. Mais ce sont d'autres symboles plus évocateurs de la ville contemporaine dont il s'agit: les images de Montpellier, qui décrivent les contours de son identité réelle, mais aussi l'univers mental dans lequel nous rangeons la ville, les rapprochements que nous faisons et les voisinages que nous lui accordons, qui sont en fait rarement liés à des considérations spatiales et géographiques.

Au premier rang de ces emblèmes – avant même les monuments qui identifient Montpellier –, il faut parler de la lumière, du soleil et de l'influence du climat sur la relation que chacun tisse à l'urbanité en général et à cette ville en particulier. Les paramètres climatiques participent à la perception que l'on a d'un lieu et conditionnent partiellement les réalisations humaines qui s'y enracinent. Il suffit de penser à Montréal, qui creuse sous terre son centre-ville pour se protéger du froid et de la neige, à l'importance de l'éclairage public dans les villes scandinaves où la nuit s'étire sur plusieurs mois, aux villes du littoral atlantique dans lesquelles les marées esquissent un paysage urbain instable; plus près de nous, pensons à Marseille, où l'activité humaine a longtemps été dictée par l'humeur du mistral, à Avignon, qui a tourné le dos à ce même vent et s'est enserrée dans d'épais remparts pour s'en protéger,

◀ *Œuvre de Chen Zhen.*   *Serres du château de Grammont.* ▶

ou encore à Nice, dont les caniveaux débordent à chaque orage car ils n'ont pas été conçus pour faire face à de fortes pluies. À Montpellier, la marque climatique est celle du soleil. La ville reçoit plus de sept heures de soleil par jour en moyenne, soit un ensoleillement une fois et demie plus important que celui de la France. La lumière nimbe Montpellier de ses éclats fragmentés, souligne la finesse de la pierre qui servit à édifier les bâtisses de l'Écusson, fait des jeux d'ombres avec les atlantes et les caryatides des hôtels particuliers pour mettre en valeur la qualité des ornements, et quand on gravit les hauteurs du Peyrou, elle permet parfois de percer l'horizon jusqu'à la mer ; lorsqu'elle s'accompagne de la chaleur des journées d'été, elle accable aussi les passants qui s'abritent dans les rues ombragées ou sous les tentes des cafetiers. En vérité, la lumière est, ici comme dans d'autres villes du Sud de la France, un matériau de construction. On s'y plie comme à une contrainte, mais on s'en sert aussi pour concevoir l'architecture de la ville : les vitres de la mairie réfléchissent la lumière, éblouissant les promeneurs, mais attirent aussi l'attention sur ce bâtiment central de la citoyenneté locale ; la dense végétation de l'esplanade Charles de Gaulle arrête les rayons transperçants du soleil et offre un répit au marcheur citadin, canalisant ainsi les trajets urbains du centre-ville ; tout le quartier Antigone a été pensé en relation avec l'architecture méditerranéenne construite pour se protéger de la lumière et de la chaleur. Montpellier est bien une de ces villes du Sud, où le soleil tient une place prépondérante dans l'environnement urbain et le quotidien des habitants. Elle appartient à ce Sud fantasmé par ceux qui le connaissent mal, où la vie serait meilleure parce que le climat sait y être plus clément ; un monde à part, sujet aux illusions, comme celle de Frédéric Mistral qui rêvait d'une nation allant du Midi à la Provence.

Cet ancrage de Montpellier dans la culture méditerranéenne se mesure aussi aux parfums qui flottent dans la ville. Les jours où les vents marins font remonter l'air iodé de la mer, on pourrait presque sentir son écume. Dans les rues des Beaux-Arts, du côté de Figuerolles ou du cours Gambetta, vous respirez les arômes des cuisines, ceux des restaurants et ceux des Montpelliérains, où se mitonnent des plats relevés d'herbes de Provence, d'ail ou d'épices orientales. Et pas besoin de remonter le Lez ou de dépasser le quartier des facultés pour flairer la garrigue et se laisser ravir par les odeurs de thym, de myrte ou de romarin. Partout des effluves de Méditerranée. Mais pas seulement. Toutes les villes ont aussi des odeurs corporelles. Montpellier n'échappe pas à la règle. La Comédie et l'Écusson exhalent en été l'odeur astringente des places calcinées par le soleil. Une visite au jardin des Plantes est un voyage envoûtant dans un tourbillon d'essences de fleurs. Lorsque l'on se balade sur les quais du Verdanson, on peut aussi se souvenir que ce ruisseau servait jadis de déversoir aux tanneurs de la ville et que des émanations suffocantes s'en dégageaient, d'où

◀ *L'orangerie.*

son premier nom de *Merdançon*. Et en s'échappant de Montpellier, on s'expose, au sud, aux senteurs des crèmes solaires et, au nord, aux vapeurs enivrantes des vignes du Languedoc. Comme toutes les villes, Montpellier est entourée d'un halo d'effluves, dont le mélange hétéroclite esquisse une identité olfactive.

Il reste que, du parcours dans l'identité de la ville que nous proposons ici, la lumière ou les parfums marquent moins la mémoire que les jalons bâtis d'une cité et autres constructions humaines. Montpellier présente une histoire architecturale allant du Moyen Âge à nos jours. La tour des Pins et celle de la Babote rappellent un passé lointain où la jeune cité médiévale construisait sa renommée et sa prospérité commerciale à l'abri d'épais remparts, la commune clôture. L'église Notre-Dame-des-Tables, dont seule subsiste la crypte enfouie sous l'actuelle place Jean-Jaurès, plusieurs fois détruite et reconstruite, témoigne de la vigueur des guerres de religion jusqu'à la reprise de la ville par Louis XIII. D'autres monuments historiques sont des marques montpelliéraines, comme l'ancien monastère-collège bénédictin, site de la prestigieuse faculté de médecine, le jardin des Plantes, seul vestige de la Renaissance, dont la renommée demeure importante. Les imposantes constructions royales – citadelle, Peyrou, arc de triomphe, aqueduc Saint-Clément – transformèrent l'image de la ville aux XVIIe et XVIIIe siècles et présentent aujourd'hui une valeur touristique considérable ; les hôtels particuliers appartenant aux serviteurs du roi ou plus tard les immeubles haussmanniens de la place de la Comédie expriment à la fois la prospérité retrouvée des notables et la tutelle de la capitale ; les réalisations modernes, telles Antigone ou Port Marianne, portent l'ambition récente de rendre son prestige à la ville. Montpellier affiche une façade composite, au contraire d'autres villes qui s'enorgueillissent de leur unité architecturale. Mais Montpellier n'a jamais aspiré à devenir un musée habité.

◀ *Parc du château de Grammont.*   *Château de Grammont.* ▶

Elle s'est enrichie à chaque époque de bâtiments nouveaux et trouve finalement son unité dans l'assemblage disparate qui en résulte. L'image de cette ville est bien comparable à une peau, un peu plus rugueuse peut-être, qui exprime l'âge de la cité et porte les traces de son passé.

Ces monuments sont des témoins de la riche histoire de Montpellier. Ils dessinent les influences successives qui ont alimenté le patrimoine de la ville depuis sa création. Ces emblèmes de Montpellier sont le reflet de son histoire, mais surtout le substrat de son présent. Une terre nourricière qui engendre de nouvelles récoltes. Nous l'avons déjà dit, Montpellier n'est pas une ville qui aspire à se figer en musée des souvenirs. Son présent l'occupe bien davantage. Les grandes réalisations du passé font la fierté de la ville, mais elles ne doivent pas cacher les bouleversements démographiques et urbains qui s'imposent à elle aujourd'hui.

UNE CROISSANCE VERTIGINEUSE

Le développement de Montpellier ne suit pas un chemin paisible et régulier. Il est intense, passionné, extrême. Les poussées de croissance vertigineuses engendrent des périodes interminables de marasmes et d'assoupissement. Ainsi en est-il depuis sa création à la fin du premier millénaire. Montpellier est une ville récente comparée à Narbonne, Béziers ou Nîmes, ses voisines antiques. Et pourtant elle les rattrape à grande vitesse : en 1180, elle compte déjà 10 000 habitants, un siècle plus tard, sa population a au moins triplé, peut-être quadruplé. Cette fièvre inaugurale s'explique principalement par la stabilité politique de la cité et l'activité commerciale générée par le port de Lattes, alors sur la Méditerranée. La prospérité est pourtant trop soudaine pour être pérenne. La ville s'abîme dans la concurrence commerciale des ports

◀ *Montpellier vue depuis l'arc de triomphe.*   *La fontaine de la place Albert Ier.* ▶

d'Aigues-Mortes, puis de Marseille, et est ravagée par la peste noire au milieu du XIVe siècle, sombrant dans une dépression de près de cent ans. Devenue française en 1349, elle suscite l'intérêt de l'administration royale qui provoque sa seconde période de croissance. La venue de Jacques Cœur, « grand argentier » du roi, relance le commerce et, surtout, le transfert de plusieurs administrations royales inaugure la vocation de capitale régionale de Montpellier. Les guerres de religion apportent un nouveau frein à son essor. La répression du protestantisme convainc l'élite de se rallier au pouvoir. La bourgeoisie montpelliéraine ne se soucie plus de politique, mais seulement de son enrichissement. Au XIXe siècle, les faubourgs se développent, l'économie est prospère grâce au chemin de fer, la viticulture se développe jusqu'à la crise du phylloxéra, mais la ville s'enfonce en réalité dans une forme de somnolence jusqu'aux « trente glorieuses ». Dans la première moitié du XXe siècle, la croissance démographique de Montpellier progresse à un rythme faible (0,47 % par an en moyenne). Elle est cinq fois plus importante de 1954 à 1999. Avec pas loin de 250 000 habitants (400 000 pour l'agglomération), la population a plus que doublé en un demi-siècle. Montpellier est la seule ville de plus de 100 000 habitants à avoir gagné en moins d'une génération les deux tiers de sa population. Rien qu'au cours des trente dernières années, elle a accueilli près de 70 000 nouveaux habitants et a progressé de la 23e place nationale au 8e rang. Les banlieues et les faubourgs ont explosé avec une augmentation de la trame urbaine de 10 kilomètres carrés autour du centre-ville. Et cela ne semble pas être en voie de s'arrêter puisque Montpellier affiche un taux de croissance annuel moyen de 8,3 % depuis le dernier recensement intégral de 1999.

Cette impressionnante croissance démographique sonne le réveil de Montpellier. Elle est due à la combinaison de plusieurs facteurs. Tout d'abord, la politique de l'État

◀ *Halte ensoleillée place de la Comédie.*

Éphèbes. ▶

visait, sous de Gaulle, à rééquilibrer le Sud français alors dominé par la présence étouffante de Marseille. Montpellier a ainsi reçu des compétences nouvelles et des emplois publics qui ont écrasé ses concurrentes au statut de capitale régionale. Ensuite, le rapatriement des Français d'Afrique du Nord a considérablement augmenté la population montpelliéraine dans les années 1960, stimulant la construction de logements dans l'agglomération. Nous y reviendrons. Une autre immigration est à chercher dans les amphithéâtres des universités : la massification de l'enseignement supérieur conduit de plus en plus de jeunes gens à prendre la voie des études dans la grande ville universitaire du coin. Plus de 70 000 étudiants sont inscrits dans les trois universités de Montpellier, les IUT, les IUP, les écoles supérieures et les classes préparatoires des lycées Joffre et Mermoz. La ville concentre les deux tiers des étudiants de Languedoc-Roussillon, mais son recrutement n'est pas seulement local puisque 40 % des étudiants ne sont pas originaires de la région, 17 % sont même de nationalité étrangère. Enfin, la ville n'était pas lestée des industries lourdes du XIXe siècle, difficiles à reconvertir, et n'a pas été gênée pour prendre le virage du tertiaire supérieur et des industries de hautes technologies. Ces branches performantes drainent une main-d'œuvre jeune et hautement qualifiée, en provenance du Nord et attirée par les *sun belts* à la française. Il résulte de ces rapides transformations une évolution sociologique notable de la population montpelliéraine, à rebours de celle des autres grandes villes françaises. Montpellier est une ville jeune, où trois habitants sur cinq ont moins de 40 ans, et diplômée, avec 14,5 % de la population ayant fait des études supérieures (contre une moyenne nationale inférieure à 10 %) et presque un habitant sur cinq qui est cadre ou exerce une profession intellectuelle supérieure. Le renouvellement de la population a diminué la part des natifs au profit des migrants, aujourd'hui très majoritaires :

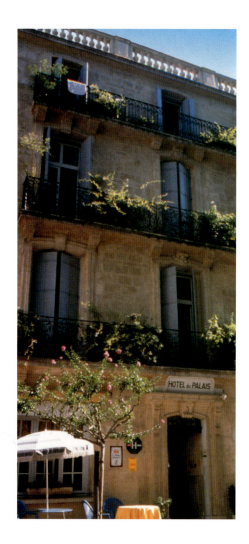

◀ *Hôtel du Palais.*

80 % des habitants ne sont pas nés à Montpellier et presque deux sur trois (63 %) ne sont même pas originaires de l'Hérault. En 2015, l'Insee prévoit que l'aire urbaine de Montpellier devrait compter plus de 600 000 habitants. Quelle sera la structure de cette population ? Le brassage des hommes et des femmes va-t-il se poursuivre ou les nouveaux venus vont-ils se sédentariser à long terme ? À cet horizon, l'échelle de référence ne pourra plus seulement être celle de la commune, car son dynamisme démographique fait tache d'huile : sur l'ensemble des villes composant l'agglomération, Montpellier est celle qui a le moins progressé au dernier recensement, sa vitalité démographique tendant à se diffuser aux communes alentour. L'enjeu sera d'en faire de vrais espaces de vie et non de simples cités-dortoirs.

La croissance vertigineuse de Montpellier a provoqué des bouleversements considérables qui sont la cause du développement de la ville aux plans politique, économique et urbanistique. Pourtant cette remue des hommes et le mélange des cultures qui l'accompagne ne constituent pas un phénomène récent, mais une source de l'esprit des lieux.

LA REMUE DES HOMMES ET LE FOISONNEMENT DES CULTURES

L'ouverture culturelle et la tolérance sont les socles de l'identité montpelliéraine. Dans cette ville, des hommes et des femmes ont appris à vivre ensemble, ont mis en commun leurs trajectoires, leurs expériences, leurs cultures.

À l'origine, Montpellier est d'abord un carrefour culturel. La croisée de trois grandes routes, l'antique *via domitia*, ou *cami de la mouneda*, qui, venant de Nîmes, traversait le Lez jusqu'à Narbonne, le *cami roumieu*, qui déroulait la route du pèlerinage vers Saint-Jacques-de-Compostelle, et le *cami salinié*, la route du sel. Le développement

Domaine de Méric. ▶

fulgurant de la ville s'explique aussi par sa position de point nodal entre ces importants axes de circulation. Si on prend de la hauteur, la situation de Montpellier est plus favorable encore : positionnée au centre de l'arc méditerranéen, elle sera plus tard décrite par Georges Frêche comme le point médian entre Gênes et Barcelone. Et si l'ensablement du Lez et le recul de la mer lui firent un temps perdre de vue sa vocation maritime, il reste que Montpellier s'est conçue comme lieu de passage, halte pour les voyageurs, un quasi-port commercial ; une ville où convergent les hommes et leurs idées, où ils se mélangent, formant un creuset de cultures. Plusieurs anecdotes en témoignent : Jacques le Conquérant portant le nom de sa ville lors de ses lointaines victoires militaires ; saint Roch le Montpelliérain quittant sa ville natale pour un pèlerinage à Rome resté dans la légende ; les érudits de toute l'Europe se pressant dans les universités de la ville, marquant leur passage, gardant le charme des lieux en souvenance ; *la Marseillaise*, qui ne serait jamais remontée vers Paris et devenue hymne national si elle n'était auparavant descendue du Rhin, direction Montpellier ; les voyageurs littéraires, Pétrarque, Rousseau, Madame de Staël, Stendhal, Valéry, faisant escale ici, etc. Montpellier, carrefour des hommes et des idées, peut-elle se fermer au monde qui l'entoure, rester obtuse, devenir autre chose qu'une ville d'accueil, pétrie de tolérance ? Non, à l'évidence.

Ce brassage a engendré un esprit de tolérance, qui est devenu un emblème de Montpellier. Il s'est d'abord exprimé à l'égard des minorités religieuses opprimées. Dès le XIe siècle, en pleine croisade contre les Infidèles, on trouve des traces de la présence de médecins arabes ; et aussi d'une communauté juive disposant d'institutions religieuses et de lieux de réunion, malgré l'opprobre qui touche déjà ses membres dans la plupart des villes médiévales. À Montpellier, le quartier juif n'était pas comme

◀ Rue Ancien-Courrier.

ailleurs un ghetto. Des non-juifs y habitaient, d'autres confessions s'y retrouvaient et des juifs étaient autorisés à s'établir dans d'autres quartiers de la ville. Certes, les Guilhem avaient établi que les bayles – en quelque sorte les maires de l'époque – ne devaient pas être juifs, mais cette précision ne s'est jamais accompagnée de persécutions religieuses systématiques, ni au Moyen Âge, ni dans les siècles qui ont suivi. En revanche, les guerres de religion ont fait naître de vives tensions entre catholiques et protestants. Ces derniers étaient majoritaires et ont détruit plusieurs églises. Les heurts entre les communautés ont souvent été violents. Toutefois, l'intervention du pouvoir royal souligne qu'au milieu des tensions religieuses se logeaient des questions politiques très différentes : quelle marge de manœuvre l'arbitraire royal laissait-il à la cité ? Qu'allait-il advenir de l'indépendance conquise depuis la charte de 1202 ? Le siège de Montpellier en 1629 et la construction de la citadelle, dont les canons étaient braqués sur la ville, offrirent une réponse sans équivoque.

On le voit au travers de ces quelques exemples, le cosmopolitisme de Montpellier s'est exprimé dans l'accueil de populations qui ont rarement été les bienvenues ailleurs. Autorisées à se sédentariser, elles s'investissent en retour dans la vie de la cité. À ce titre, l'histoire des rapatriés d'Afrique du Nord est éloquente. Dans les années 1960, près de 30 000 pieds-noirs sont venus s'installer dans l'agglomération et densifier le tissu des entreprises et des associations. Ils se sont enracinés dans la ville, sont devenus propriétaires, ont fait des enfants et entretenu ainsi l'accroissement naturel. Ils ont également stimulé l'extension du bâti urbain, avec la construction d'immeubles d'habitation dans les quartiers la Paillade ou les Cévennes pour les accueillir. Aujourd'hui, ces grands ensembles sont occupés par de nouveaux arrivants, qui ont expérimenté les formes modernes du prolétariat et du déracinement. Car la croissance démographique,

Rue Jacques-Cœur. ▶

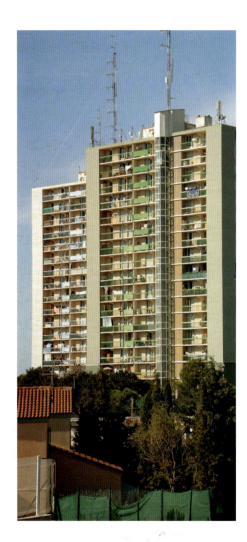

Quartier la Paillade.

économique et urbaine nécessite ses chevilles ouvrières : pour répondre aux besoins de main-d'œuvre du bâtiment et de l'agriculture, des filières d'immigration se sont constituées en provenance du Maghreb. Aujourd'hui, les quelque 27 000 Maghrébins montpelliérains, près des trois quarts originaires du Maroc, connaissent souvent une situation économique précaire et des conditions d'habitat difficiles ; mais cette communauté compte ses notables, ses artisans et chefs d'entreprise, ses universitaires et ses dignitaires religieux, qui sont partie prenante de la vie municipale. Ils sont français dans leur majorité, mais leurs modes d'action civique, plus encore que leur passeport, montrent la réussite de leur intégration : l'inscription sur les listes électorales est en hausse chez les jeunes et l'interpellation des pouvoirs publics, notamment sur la dégradation des conditions d'habitat, s'accroît et se diversifie (associations, groupements d'intérêt, manifestations, pétitions, contacts avec les responsables politiques, etc.). Il persiste des tensions et des frustrations, mais les conditions du dialogue sont réunies là où elles paraissent ailleurs impossibles à rassembler. La municipalité s'est ainsi fixé l'objectif de désenclaver ces quartiers grâce au tramway et d'y rénover l'habitat.

SCIENCES ET POUVOIRS

Les sciences et l'université sont des piliers de l'identité montpelliéraine. L'actuelle université Montpellier 1, qui regroupe principalement les étudiants en médecine, droit, administration économique et sociale, pharmacie, soins dentaires, économie-gestion ou sport, est l'héritière directe de la faculté médiévale créée le 26 octobre 1289 par la bulle papale « *Quia Sapientia* » du pape Nicolas IV. Elle réunit l'école de médecine fondée en 1220 et l'école de droit et des arts dont les premiers statuts furent octroyés en 1242. Son rayonnement, en particulier dans l'enseignement de la

Tramway place de la Comédie.

médecine et du droit, n'a depuis cessé de s'amplifier. Depuis 1802, elle occupe l'ancien monastère bénédictin octroyé à la ville quatre cent cinquante ans plus tôt par Urbain V afin d'y encourager le développement des savoirs. D'autres traces de la vocation universitaire de Montpellier se retrouvent à l'intérieur des murs de la cité, de l'amphithéâtre d'anatomie Saint-Côme aux rues de la ville qui portent le nom de prestigieux chirurgiens ou de juristes célèbres. L'université a contribué à façonner la ville, de l'intérieur en s'inscrivant dans la trame urbaine, mais aussi de l'extérieur en associant sa réputation d'excellence à celle de Montpellier. Le savoir recèle de puissants pouvoirs. Cette passion des sciences et de leur enseignement s'est pourtant affirmée sur fond de rivalités, de conflits parfois avec l'église ou l'administration. Médecine et droit furent les fers de lance d'une lutte d'avant-garde contre l'obscurantisme et les archaïsmes sociétaux – le pouvoir du savoir confronté aux pouvoirs religieux, politique, économique. L'enseignement de la médecine s'est longtemps confondu avec la lutte de la science contre la foi. L'avènement de la médecine moderne s'est fait dans les amphithéâtres des universités contre la médecine antique, qui expliquait le fonctionnement du corps humain par ses relations avec le cosmos et la nature. L'enseignement universitaire était essentiellement livresque et fondé sur l'étude, le commentaire et la critique des textes fondateurs de la médecine. À l'inverse, la conception anatomique propose, grâce à la dissection, une étude concrète des organes du corps pour en comprendre le fonctionnement. Cette représentation du corps-objet ou machine ne s'oppose pas seulement à la tradition scolastique, mais aussi à l'Église, qui porte une vision dualiste du corps et de l'âme. Le corps est perçu comme un élément sacré d'un tout qui ne peut être divisé. Toutefois, pour contrôler l'essor des recherches anatomiques menées en clandestinité par les chirurgiens, la première dissection est autorisée à l'université de Montpellier en

◀ *Groupe pharmaceutique Sanofi-Aventis.* ▶

1375 ; mais la pratique reste rare car les dissections se font sous autorisation et haute surveillance religieuse, ne sont généralement tolérées que sur les cadavres des condamnés à mort, réputés sans âme, et parce que l'opprobre touche de la même façon ceux qui font couler le sang, le chirurgien comme le bourreau. Si les élites savantes se sont progressivement ralliées à la foi protestante, comme Guillaume Rondelet, chancelier de la faculté de médecine, il faut sans doute plus y voir la défiance de l'université à l'encontre d'un catholicisme lui mettant des bâtons dans les roues que les marques spirituelles d'une conversion religieuse. Le droit, pour sa part, était moins enclin à heurter l'Église : au Moyen Âge, il était dominé par le droit canon, fondé sur l'interprétation des lois ecclésiastiques. Enjeu important à Paris ou à Bologne, il passait derrière la médecine à Montpellier. Avec le temps, il gagna sa sécularisation, s'intéressant moins à la discipline religieuse, et de plus en plus aux affaires des hommes, au pouvoir politique.

L'université a entretenu une relation étroite avec le pouvoir politique. Les deux statues ornant le portail d'entrée de l'université de médecine évoquent cette ambiguïté. À gauche, François Gigot de Lapeyronie, premier chirurgien de Louis XV, profita de sa position pour promouvoir sa discipline et la faire définitivement sortir de la réprobation sociale qui l'entourait. Il est ainsi à l'origine de la construction de l'amphithéâtre de médecine à Montpellier. À droite, Paul-Joseph Barthez, grand médecin du XVIIIe siècle, franchit fréquemment la ligne séparant science et politique pour dénoncer les idées de la Révolution. À Montpellier, ville universitaire et capitale régionale, véritable relais du pouvoir centralisé, les exemples ne manquent pas pour montrer l'imbrication des vocations scientifiques et des engagements politiques : chez Rabelais, ami de Rondelet et étudiant à l'université de médecine, les écrits à portée politique se mélangent aux utopies sociales et éducatives ; Pierre Richer de Belleval, professeur d'anatomie et de botanique, convainc Henry IV de financer la réalisation d'un jardin botanique à visée encyclopédique ; le chimiste Jean-Antoine Chaptal fut le ministre de l'Intérieur de Napoléon, initiant en France, et particulièrement à Montpellier, une véritable politique publique des sciences. Et les notables de la ville sont des universitaires, médecins ou avocats : sur les dix-sept maires qui ont conduit la municipalité depuis 1901, huit exerçaient une profession juridique et trois étaient pharmacien ou médecin, comme le maire actuel, Hélène Mandroux ; et depuis la création de la fonction, cinq professeurs de l'université ou de l'ancienne école de santé ont été à la tête de la ville. Mais la collusion entre hommes de science et hommes de pouvoir a presque toujours visé la progression des connaissances et la diffusion du savoir. Georges Charpak, ancien lycéen montpelliérain et prix Nobel de physique, est en quelque sorte l'héritier de cette tradition : sans engagement partisan, il est entré en contact avec l'État pour mettre en œuvre *La main à la pâte*, une importante opération de rénovation de l'apprentissage des sciences à l'école.

Le pouvoir offert par la science et produit à l'université ne s'exerce donc pas pour lui seul, mais pour la promotion de la ville. Il était inévitable qu'il se mette aujourd'hui en contact avec les nouveaux pôles de l'activité montpelliéraine. Dans le domaine de la rénovation urbaine, il est ainsi impossible de penser le développement de la ville vers l'est sans y intégrer l'aménagement du campus Richter, qui rationalise les mouvements pendulaires entre le centre et l'université, et oriente le grand cœur vers le monde du savoir. Mais les synergies sont peut-être encore plus évidentes au plan économique, ce nouveau pouvoir dont on dit un peu vite qu'il a déjà remplacé le politique. Les trois universités montpelliéraines, qui accueillent environ soixante-dix mille étudiants, sont en train de basculer dans l'ère de l'interconnexion des savoirs et de la collaboration entre la recherche fondamentale et la recherche appliquée. Les facultés initient une collaboration avec les parcs d'activité de la ville, particulièrement ceux qui développent des activités à forte valeur ajoutée. En particulier, les laboratoires de recherche en biotechnologies ou les écoles de formation d'ingénieurs agronomes et d'ingénieurs informatiques créent un phénomène de concentration des compétences, qui engendre lui-même des mécanismes de localisation productive. Les entreprises à forte valeur ajoutée se sont installées à Montpellier pour puiser dans le vivier de jeunes diplômés, bien formés et baignant dans un climat d'efficience ; pour profiter également de transferts de compétences et de technologies en provenance des écoles et des laboratoires de Montpellier, quitte, en retour, à participer au financement des recherches. Cette collaboration entre les universités et les écoles supérieures d'une part, les entreprises d'autre part, est propice au développement de la recherche-développement. On touche une des clés de l'essor contemporain de Montpellier. Les pouvoirs publics l'ont compris et parient sur cette force pour nourrir de grandes ambitions pour la ville.

Maison pour tous Melina Mercouri. ▶

◀ Fontaine Poséidon.

LES MATRICES D'UNE TECHNOPOLE

Dans les années 1970, Montpellier rentre dans son temps. Il aura fallu dépasser la prégnance du passé pour penser son avenir. La réussite que la ville connaît aujourd'hui, souvent citée en exemple, n'est pas le prolongement de desseins anciens, mais le résultat d'initiatives d'avant-garde qui ont lancé la ville dans des projets d'avenir. En l'espace d'une génération, Montpellier s'est engagée dans une sorte de *movida*, qui a transformé son visage, son activité et la sociologie de ses habitants. L'urbanisme galopant avait entraîné une dissymétrie entre le centre et la périphérie que le projet GrandCœur tend à réduire. Le développement du tertiaire supérieur et l'augmentation de la vie universitaire ont rajeuni la population et multiplié le nombre des cols blancs. Ce virage vers les activités de hautes technologies a favorisé l'avènement d'une technopole ambitieuse. Tout a peut-être commencé avec l'installation d'IBM à la Pompignane, qui a généré plus de mille emplois et drainé des centaines d'autres. D'autres entreprises ont suivi le mouvement, dans l'industrie informatique, mais aussi dans le domaine des biotechnologies, comme Sanofi-Aventis. L'essor de la ville se fonde sur la créativité et l'innovation, nourrissant les ambitions d'une métropole. Montpellier est déjà le centre d'impulsion du Languedoc-Roussillon. Elle aspire à constituer un chaînon entre la Catalogne et l'Italie, le point de convergence des routes venues du nord et de celles traversant les suds. Elle rêve de raccrocher la banane bleue européenne et étirer cette zone d'échanges économiques et technologiques le long de l'axe méditerranéen.

Les pouvoirs publics ont su accompagner cette transformation, penser une ville moyenne, assoupie, comme la grande technopole méditerranéenne du XXIe siècle. La cité ne manquait certes pas d'atouts, mais plutôt d'un schéma directeur. Celui-ci s'est

Place de l'Europe. ▶

tissé au fil des années, construisant étape après étape ce qui sépare le rêve de sa concrétisation. Tout d'abord, la concentration des administrations de la région par la volonté de l'État de favoriser l'émergence d'une capitale régionale. Ensuite une politique locale destinée à attirer les employeurs et les nouvelles technologies. Se sont enchaînées les premières rénovations urbaines, avec la construction du centre Polygone-Triangle, qui opérait l'ouverture vers l'est du centre historique. La poursuite de cette avancée s'est faite par la construction du quartier Antigone, ses logements sociaux qui diversifient la population du centre-ville, ses bureaux qui attirent les entreprises, ses équipements collectifs et ses places monumentales qui renforcent le lien social. Puis celle du Millénaire, de l'hôtel de région, de Port Marianne. Montpellier intègre le cours du Lez et les facultés dans le paysage urbain de son «Grand Cœur». La ville a été pensée plus grande qu'elle ne semblait jamais pouvoir le devenir quand sa croissance démographique, économique et urbaine ne faisait que commencer. Elle n'est pas terminée.

Il reste que l'échelle de la ville a brutalement changé en quelques années. Le territoire communal s'agrandit mais reste trop étroit pour contenir le dynamisme qu'il entend porter. Et Montpellier a besoin d'un maillage de villes moyennes pour relayer sa croissance et la pérenniser dans un vaste bassin d'emploi. Le modèle d'un développement centralisé cannibale, dévorant toute la vitalité de la région, n'est pas viable. En 2001, avec la transformation du vieux district urbain en Montpellier Agglomération, une étape a été franchie dans le schéma organisateur local. Pratiquement, l'agglomération a permis de mettre en place de grands équipements publics comme les lignes du tramway, la piscine olympique ou l'aquarium Mare Nostrum. La commune peut transférer certaines responsabilités d'aménagement et initier des projets complémentaires. Cependant, la toile urbaine de l'Hérault et du Languedoc reste centrée sur Montpellier, entraînant des conflits avec certaines municipalités qui redoutent leur satellisation dans l'orbite montpelliéraine. Ainsi, la nouvelle collectivité territoriale est privée du littoral par les départs de Palavas-les-Flots et de Mauguio-Carnon (communauté de communes du pays de l'Or), comme le refus de La Grande-Motte d'intégrer la communauté d'agglomération. Ces tensions «sonnent», sinon comme un échec, du moins comme un obstacle important à la politique d'aspiration vers la mer, d'autant que les travaux d'aménagement du Lez prendront encore de nombreuses années avant de rendre un accès maritime à Montpellier.

Ainsi Montpellier étudie de nouvelles façons d'habiter la ville. Premièrement pour prendre acte des difficultés pratiques à redevenir une capitale méditerranéenne dotée d'un accès à la mer; ensuite par la nécessité d'inventer la vie qui va avec la rénovation et

◀ *Port Marianne et le Lez.*

l'agrandissement du centre-ville. C'est l'occasion de décliner un modèle alternatif du développement urbain : son fleuve et ses cours d'eau. Pas seulement le Lez. Regardons pour une fois à l'ouest et on y verra la Mosson. Et aussi le Verdanson, dont les quais sont en train de gagner leurs galons de promenade dominicale, de balades en amoureux. On a trop longtemps pensé la ville par ses artères, ses axes routiers, ses tentacules de bitume. Il est sans doute temps d'explorer les formes d'un habité humide, intégrant l'eau pour façonner le cadre de vie. Si, comme nous l'avons dit, on accepte que la lumière puisse être un matériau de construction, alors pourquoi pas l'eau ? Elle caresse la ville entre ses ruelles, accompagne les promeneurs le long des berges, clapote dans les fontaines, se fait discrète en été, mais gronde au printemps et en automne, menace parfois de crues et d'inondations. Les fleuves et les cours d'eau de Montpellier sont comme un système sanguin irriguant les quartiers de la ville. Un autre vecteur de lien social et de croissance économique. C'est une voie – navigable – à laquelle il faut réfléchir. Et si avant de se penser artisane du développement harmonieux du Sud méditerranéen, Montpellier commençait par penser à elle, à ses faubourgs, à ses nouveaux habitants ? Cela passe par la construction d'une ville plus ouverte encore, plus citoyenne et démocratique surtout.

◀ École de Las Cases.

Journée du vélo. ▶

◀ Manège sur la place de la Comédie.

ÊTRE MONTPELLIÉRAIN

Nous n'avons pas essayé dans ces quelques pages de dresser un cadre précis de l'identité montpelliéraine. La ville est protéiforme et une telle initiative paraît sinon vouée à l'échec du moins incongrue. Montpellier dégage trop de vitalité pour pouvoir l'enfermer dans un cadre de vie posé et rigide. En revanche, on peut en esquisser les traits remarquables, à la manière d'un impressionniste à la poursuite de sensations. S'attacher aux détails, rendre les couleurs, humer les odeurs. On ne réalise pas ainsi une peinture classique. On ébauche les lignes saillantes d'un portrait figuratif.

Habiter cette ville, c'est être emporté dans ce tourbillon de sensations. Montpellier ne s'explique pas rationnellement, elle se vit avec cœur, s'apprend par corps, en l'arpentant, en la pénétrant. On ne peut pas dresser le profil de ses habitants, à moins d'énumérer des statistiques qui, si elles sont vraies, n'énoncent rien des trajectoires des Montpelliérains et de leurs façons d'habiter la ville. Cette population est issue d'un formidable creuset : les descendants des bourgeois enrichis sous l'Empire, les fils des travailleurs agricoles qui courbaient l'échine dans les vignes du Languedoc, les enfants de pieds-noirs qui, eux, sont enracinés dans la terre du Midi, les immigrants récents élaborant les formes de leur citoyenneté, les nouveaux actifs qui viennent enrichir la ville, etc. Chacun emprunte des trajets urbains différents, du centre vers l'agglomération, ou l'inverse, de l'Écusson aux banlieues, de l'arrière-pays vers la mer, le long du Lez. Chacun habite sa ville différemment, fréquente ses cafés, ses boutiques de mode, de prêt-à-porter, de frusques, de puces, utilise ses arrêts de bus, maintenant de tramway, ses nationales ou ses autoroutes, prend la voiture ou marche à pied pour aller travailler, parfois les deux, se balade le long des quais ou sur les boulevards, se rend dans des salles de concert, de cinéma, de théâtre, d'opéra, de maisons pour tous, des

Canoë sur le Lez. ▶

agoras modernes, place de la Comédie, du Nombre-d'Or ou au pied du Petit Bard ; certains vont en week-end à Carnon, d'autres à Palavas ou La Grande-Motte, d'autres rentrent d'où ils viennent et où ils n'habitent plus, sans nostalgie, juste par habitude, d'autres enfin restent ici, par choix ou par nécessité. Peu importe quand une ville est aussi agréable les soirs d'été. Montpellier propose mille et une vies, deux cent cinquante mille visages et c'est leur juxtaposition qui fait sens. Une sarabande, un carnaval peut-être, un charivari alors, en tout cas une folle cavalcade engagée il y a mille ans et qui semble ne jamais être allée aussi vite. Peut-être parce qu'ils n'ont jamais été aussi nombreux, ceux qui aiment Montpellier et l'accompagnent dans sa course, dans ses rêves.

2.

dictionnaire

CARTE D'IDENTITÉ

Population (1)

Population totale *intra-muros* (2)	244 500 habitants (environ 1/4 de la population de l'Hérault et 10 % de celle de la région)
Variation de la population	+ 0,8 % entre les deux derniers recensements
Part des moins de 20 ans	20,9 % (moyenne nationale : 24,6 %)
Part des 20-59 ans	60,7 % (moyenne nationale : 54 %)
Part des plus de 60 ans	18,4 % (moyenne nationale : 20,3 %)
Part des hommes	45,9 %
Part des femmes	54,1 %
Nombre total de ménages	112 008
Densité	3 965 hab./km^2

Administration du territoire

Préfecture de département	Hérault (34)
Chef-lieu de région	Languedoc-Roussillon
Cantons sur la commune	10
Maire	Hélène Mandroux (PS) depuis 2004
Intercommunalité	Montpellier Agglomération (31 communes et 391 162 habitants)

Géographie et milieu naturel

Superficie	56,88 km²
Climat	Méditerranéen
Ensoleillement journalier [3]	7 h 22 (moyenne France = 4 h 46)
Pluviométrie moyenne [3]	699 mm par an
Température moyenne [3]	14,2 °C (moyenne France = 12,2 °C)
Latitude	43° 36′ 43″ Nord
Longitude	03° 52′ 38″ Est
Point culminant	Peyrou, 57 m
Distance de la capitale	750 km de Paris

Économie et emploi [4]

Population active	93 819
Taux d'activité entre 20 et 59 ans	66 %
Part des actifs dans la population totale	41,6 % (moyenne nationale : 45,2 %)
Part des retraités dans la population totale	14,7 %
Nombre de demandeurs d'emploi	21 048
Revenu moyen par ménage [5]	14 191 €/an
Part des foyers imposés [5]	55,4 %
Prix moyen de l'immobilier (vente)	2 708,72 €/m²

Sources :
(1) Recensement de la population, Insee, sauf mention contraire ;
(2) Recensement partiel de 2004, Insee ;
(3) Météo France ;
(4) Insee, 2004, sauf mention contraire ;
(5) Revenus fiscaux des ménages de l'aire urbaine montpelliéraine en 2001, Direction générale des impôts.

A

ACADÉMIE DES SCIENCES ET LETTRES DE MONTPELLIER – Créée en 1706 par Louis XIV sous l'appellation de *Société royale des sciences de Montpellier*, elle célèbre ses trois siècles d'existence, même si ce n'est qu'en 1846 que l'ensemble des sociétés savantes de la ville prennent le titre d'Académie des sciences et lettres. Elle participe, par le biais de publications, de mémoires et de bulletins, aux activités de la cité dans les domaines des sciences, des lettres et de la médecine. Jadis fer de lance du rayonnement intellectuel de Montpellier, l'académie recherche aujourd'hui un second souffle en se modernisant (site internet et bibliothèque) et en organisant congrès et réunions dans le monde entier.

ÉCRIVAINS À MONTPELLIER

« J'ai donc beaucoup marché dans ces rues et quand, de loin en loin, je les retrouve, je pense aux écrivains qui avant moi les ont arpentées : Pétrarque, Rabelais, Rousseau, Chateaubriand, Madame de Staël, Valéry Larbaud, lui aussi adepte du jardin des Plantes, admirable lieu de lecture, dit-il, Conrad, Young, Henry Miller, Delteil […], et tant d'autres », parmi lesquels on peut ajouter Paul Valéry, Pierre Louÿs et André Gide.
D'après René Pons, *Montpellier Atlantide* (éditions du Laquet, 2004, p. 57).

◀ Antigone.

AÉROPORT MONTPELLIER MÉDITERRANÉE – Aéroport à vocation internationale situé sur la commune de Mauguio, il a souffert de la liquidation d'Air Littoral dont Montpellier était le centre de ligne, mais l'arrivée des compagnies *low cost* (à bas prix) génère aujourd'hui de nouveaux flux touristiques. Son rattachement depuis fin 2005 au *hub* eurorégional d'Air France à Lyon a permis de relier Montpellier aux principaux aéroports nationaux et à une vingtaine de villes européennes.

L'AÉROPORT MONTPELLIER MÉDITERRANÉE EN CHIFFRES

– 9e aéroport français et 1er aéroport de Languedoc-Roussillon.
– Un million et demi de passagers par an.
– 60 destinations en France (14 fréquences quotidiennes sur Paris) et à l'étranger.
– Une zone de chalandise de 2,5 millions d'habitants dans un rayon de 90 km.
– 442 hectares de superficie.
– Deux pistes de 1 000 m et 2 600 m.
– 2 400 places de parking.
– 7 300 tonnes de fret et poste.
– 1 800 salariés sur le site.
– 80 entreprises sur la plate-forme aéroportuaire.
– Près de 20 millions d'euros de chiffre d'affaires annuel.

AGGLOMÉRATION – Née le 1er août 2001 et regroupant 31 communes dont la capitale régionale, *Montpellier Agglomération* s'étend sur 536 km², soit 9 % de la superficie du département. Avec 412 945 habitants, l'agglomération a enregistré 8,4 % de croissance démographique entre 1990 et 1999, soit la plus forte augmentation nationale, 6 points de plus que la moyenne des 15 plus grandes agglomérations françaises. Les compétences de la Communauté d'agglomération sont distinctes de celles de la municipalité, mais touchent aussi à l'aménagement urbain, aux transports, à l'entretien et au financement des équipements sportifs et culturels, au développement économique, etc.

AGRICULTURE – Le secteur primaire – agriculture (culture des sols), sylviculture (exploitation de la forêt) et pêche – concentre traditionnellement peu d'emplois dans les unités urbaines, même dans une région viticole comme le Languedoc-Roussillon. Ainsi, Montpellier concentre seulement 3,1 % des emplois du secteur agricole de l'Hérault, ce qui représente à peine plus de 400 actifs montpelliérains et 0,4 % du total des emplois de la ville.

AGRO MONTPELLIER – Anciennement École nationale supérieure agronomique de Montpellier (Ensam), il s'agit d'une structure d'enseignement créée en 1848 et chargée de la formation d'ingénieurs agronomes. Les débouchés dans le secteur agroalimentaire valorisent particulièrement la filière vigne et vin de l'école.

AGROPOLIS – Pôle d'enseignement supérieur et de recherche agronomique ouvert sur l'étude des pays méditerranéens et tropicaux. Inauguré en 1986, il compte

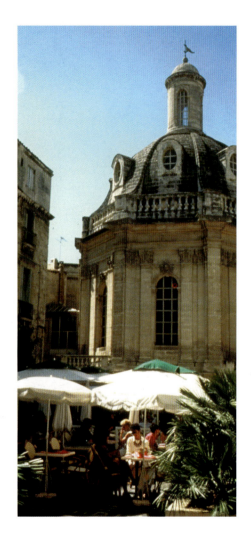

200 unités ou laboratoires et regroupe 3 000 chercheurs et techniciens sur le campus international Agropolis Montferrier ou dans la région, et 600 scientifiques dans 60 pays. Agropolis-museum accueille plus de 20 000 visiteurs chaque année et leur offre une sensibilisation sur les enjeux de la biodiversité et du développement durable. L'Inra montpelliérain est également l'inventeur du raisin sans pépin et du blé Ebly.

AIGREFEUILLE, Charles d' (1668-1743) – Prêtre français, né et mort à Montpellier, auteur d'une *Histoire civile et ecclésiastique de la ville de Montpellier* (1737-1739) et d'une *Histoire de la ville de Montpellier*.

AIGUILLERIE – La rue de l'Aiguillerie est une artère commerçante descendant en pente douce de la place Jean-Jaurès vers les quais du Verdanson. Étroite et piétonne, jalonnée de nombreuses boutiques, elle abrite les hôtels particuliers de Montférier, au n° 23, et de Griffy, au n° 26, à l'emplacement du premier château des Guilhem. Madame de Staël, en voyage à Montpellier, évoque cette rue comme « un magasin de belles maisons ».

AMALBERT – Il est le premier Montpelliérain, répertorié en 985. Sans doute un paysan, il s'était établi sur la *Monte Pestelario*, une manse, c'est-à-dire un terroir agricole aux contours inconnus, propriété des Guilhem, vestige du site originel de Montpellier.

AMPHITHÉÂTRE SAINT-CÔME – Par cet ouvrage, l'architecte Giral réintroduit le classicisme à Montpellier. C'est à l'initiative de François de Lapeyronie, éminent chirurgien montpelliérain de Louis XV, qu'il est appelé

◀ *Hôtel Saint-Côme.*

à construire, entre 1752 et 1757, un amphithéâtre du collège de chirurgie. Cet hôtel Saint-Côme, patron des chirurgiens, servira ensuite de siège à la bourse, au tribunal du commerce et à la chambre de commerce et d'industrie. Le fronton surplombant l'entrée représente les images métaphoriques de la renommée et de la prudence.

ANATOMIE – Haut lieu de l'enseignement de la médecine dans l'Europe médiévale, Montpellier a été le théâtre des premiers développements de la connaissance anatomique du corps humain, alors même que les dissections ont longtemps été interdites par l'église et pratiquées clandestinement avant d'intégrer les amphithéâtres universitaires. En 1794, la Convention a besoin de former des chirurgiens militaires et institue trois écoles de médecine à cet effet, dont une à Montpellier, avec obligation de créer un cabinet d'anatomie. Celui-ci s'est depuis transformé en musée, révélant une collection de pièces en os, d'instruments chirurgicaux et de moulages en cire, qui en font une fascinante petite boutique des horreurs.

ANTIGONE – En 1977, la nouvelle municipalité décide de créer un nouveau quartier où la moitié des résidences seront des logements sociaux. Le chantier est confié à Ricardo Bofill, qui signe une œuvre hors du commun : sur 450 000 m^2 sont construits des immeubles d'habitation, des hôtels, des restaurants, des bureaux, un centre international d'affaires et le quartier Rabelais, dans une architecture évoquant la Grèce antique. Figure mythologique, Antigone incarne une des plus hautes expressions de la conscience individuelle en révolte contre les lois humaines. Quelques fontaines et

Quartier Antigone. ▶

autres jeux d'eau, comme celui de la place du Nombre-d'Or, agrémentent la promenade jusqu'à la piscine olympique. Tour de force architectural, Antigone est aussi un projet urbain ambitieux qui s'inscrit dans le rapprochement du centre-ville et du Lez.

AQUARIUM MARE NOSTRUM – Créée en 2007 dans le quartier Odysseum, cette attraction est à la pointe de la technologie et se distingue par une visite scénographique interactive plongeant le spectateur au fond des océans.

L'AQUARIUM MARE NOSTRUM EN QUELQUES CHIFFRES

- Coût : 27,5 millions d'euros, dont 85,3 % subventionnés par l'agglomération.
- 5 000 m², dont 1 500 m² pour la visite.
- 2 300 m³ d'eau salée.
- 3 500 animaux marins (200 à 300 espèces).
- 5 000 visiteurs/jour prévus.
- Durée de la visite : 1 h 30.

AQUEDUC SAINT-CLÉMENT – Au XVIIIe siècle, Montpellier comptait seulement deux fontaines, au Pila Saint-Gély et au faubourg de Lattes, et de nombreux quartiers n'avaient pas d'accès à l'eau. En 1753, Henri Pitot de Launay entreprend la construction d'un aqueduc reliant la source Saint-Clément au Peyrou : long de 880 m, il sert de jonction entre la source située à 9 km et le château d'eau construit par Giral sur la promenade du Peyrou. Terminé en 1772, l'ouvrage compte 53 grandes arches et 183 plus petites, et

◀ *L'arc de triomphe.*

s'élève jusqu'à 21 m. Il a permis la création de trois fontaines qui vont marquer l'image de Montpellier, celles des Trois Grâces, des Licornes et de la place Chabaneau.

ARC DE TRIOMPHE – Porte de la ville reliant le centre historique à l'esplanade du Peyrou, à laquelle il était autrefois rattaché par des grilles, cet imposant ouvrage de 15 m de haut et 18 de large, copie de la porte Saint-Martin à Paris, porte quatre médaillons en l'honneur de Louis XIV. Sculptés ultérieurement, ils représentent des épisodes jalonnant son règne : la jonction des deux mers par le canal du Midi, la révocation de l'édit de Nantes, la prise de Namur et la victoire du souverain sur l'Angleterre et l'Autriche.

ARCEAUX – Quartier traversé et surplombé par les arches de l'aqueduc Saint-Clément qui lui donnent son nom. Autrefois, il s'agissait d'un vallon où les cavaliers de la ville venaient galoper, ou encore d'un terrain de jeu où se pratiquait le mail, sorte d'ancêtre commun du croquet et du golf. L'espace situé entre les arceaux de l'aqueduc sert aujourd'hui de terrain de pétanque.

ARCHITECTURE – Il subsiste une architecture médiévale dans le cœur de ville avec les vestiges de la commune clôture ou la crypte de Notre-Dame-des-Tables place Jean-Jaurès. On trouve des traces de la seconde moitié du XIVe siècle avec la cathédrale et le monastère Saint-Benoît, aujourd'hui locaux de la faculté de médecine. De la Renaissance (période de guerre civile), il ne reste en revanche que le jardin des Plantes. Les nombreux hôtels particuliers du centre

L'aqueduc Saint-Clément. ▶

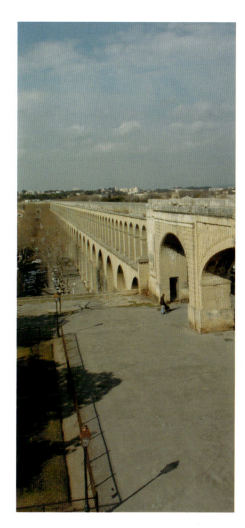

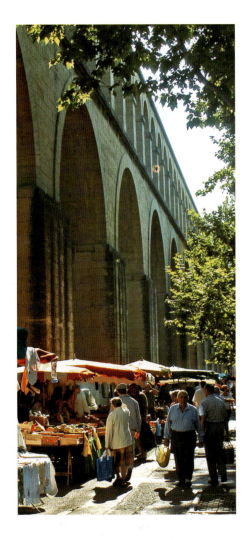

Le marché des Arceaux.

témoignent de la richesse du Grand Siècle, mais ce sont les constructions monumentales du XVIIIe siècle qui ont durablement marqué l'image de la ville (Peyrou, arc de triomphe, aqueduc Saint-Clément). L'histoire architecturale de la ville n'est pas close et son patrimoine continue de s'enrichir avec par exemple Antigone ou Port Marianne.

ARCHIVES MUNICIPALES – Présentes dans les locaux de la médiathèque Émile Zola dans le quartier Antigone, elles mettent à disposition des lecteurs de nombreux ouvrages anciens, des extraits municipaux et ecclésiastiques de mariages, de naissances et de décès. Consacrés essentiellement à Montpellier et son département, ces documents sont consultables sous forme de documents originaux, de reproductions ou de microfilms.

ARDISSON, Thierry (1949-) – Journaliste et animateur de télévision, il a peut-être nourri son goût pour les fêtes nocturnes alors qu'il faisait des études de lettres à Montpellier.

ARDOISE – Les toits en ardoises ne sont pas courants dans le Midi, pourtant ils coiffent plusieurs immeubles bourgeois place de la Comédie ou rue Foch. L'ardoise est un matériau plus souple que la tuile et permet de réaliser des coupoles, comme celle de l'immeuble Gaumont, mais son usage s'explique surtout parce qu'au XIXe siècle, les toits en ardoises rappelaient les immeubles haussmanniens parisiens et passaient pour très chic.

ARTISANAT – Au Moyen Âge, les orfèvres appartenaient aux métiers majeurs et se situaient surtout dans la ville haute. Comme son nom l'indique, la rue de l'Aiguillerie accueillait les merciers. L'artisanat dégageant peu d'argent était repoussé en périphérie, loin des riches artères commerçantes (ainsi, l'actuelle place des Beaux-Arts était celle des abattoirs). Aujourd'hui, l'avenir de l'artisanat local se cherche au contraire dans les parcs d'activités installés en périphérie de la commune.

ASSOCIATIONS – Vecteur de solidarité et de convivialité, le tissu associatif montpelliérain est riche et diversifié, avec plus de 2 500 associations animées par des milliers de bénévoles. Le deuxième dimanche de septembre accueille, dans le quartier d'Antigone, la grande foire aux associations de Montpellier, qui compte près de 100 000 participants.

B

BABOTE – Vestige de la commune clôture, la tour de la Babote commandait l'entrée de la ville par le chemin d'Espagne et surveillait la maison des templiers du faubourg de la saunerie. Son nom étrange viendrait d'un propriétaire d'étuves de ce quartier, le sieur Llabotz, ou peut-être de *babota* qui signifie fantôme

Les archives municipales dans la médiathèque Émile Zola. ▶

◀ *La tour de la Babote.*

en occitan, en référence aux spectres qui hanteraient la tour. Siège de l'Académie royale des sciences au début du XVIIIe siècle, elle a aussi brièvement accueilli la faculté des sciences.

L'INVENTEUR DU PARACHUTE

Le 29 décembre 1783, Louis-Sébastien Lenormand s'élança du sommet de la tour de la Babote à bord d'une machine qu'il nomma lui-même parachute, précisément une sorte de parasol renforcé, pour le premier saut de ce type de l'histoire. Malgré une gravure d'époque authentifiant l'événement, la performance ne fut jamais homologuée.

BALARD, Jérôme Antoine (1802-1876) – Ce chimiste français né à Montpellier à l'aube du XIXe siècle est célèbre pour sa découverte du brome en 1826, qu'il réussit à isoler des sels dissous dans l'eau de mer. Membre de l'Académie des sciences.

BARONS DE CARAVETTES – Ce titre relève davantage d'une coutume folklorique que d'un droit de noblesse : les barons de Caravettes forment une confrérie qui réunit des membres nés à Montpellier depuis deux générations. La cérémonie d'intronisation, au mas de Caravettes à Murles, perpétue une lointaine tradition médiévale.

BARRALERIE – Les barraliers fabriquaient des tonneaux et tenaient un rôle particulièrement important au XVIIIe siècle car la vigne avait alors déjà pris une importance considérable dans l'économie de la région. La rue de la Barralerie inscrit leur souvenir dans la toponymie montpelliéraine. Autour de cette rue s'étendait au Moyen Âge le quartier juif.

BARTHEZ, Paul-Joseph (1734-1806) – Médecin et promoteur du vitalisme, hostile à la Révolution, Paul-Joseph Barthez était également philosophe. Natif de Montpellier, il fut chancelier de l'université de médecine de la ville. On peut voir sa statue ornant la droite du portail d'entrée de la faculté.

BAYLE – C'est le nom donné au premier consul, chef de l'ordre judiciaire et responsable de la république consulaire de la ville après la charte de 1204 obtenue par les bourgeois auprès de Pierre II d'Aragon et Marie de Montpellier.

BAZILLE, Frédéric (1841-1870) – Né à Montpellier, il étudie la médecine, puis se tourne vers la peinture après sa rencontre avec Renoir. Issu d'une famille aisée, il prête son atelier et fournit du matériel de peinture à ses amis Monet, Sisley et Manet. Décédé prématurément à la guerre, il est le peintre le moins connu du groupe des impressionnistes, dont il fut pourtant un pilier. *La Robe rose* (1864), *La Vue de village* (1868) et *La Réunion de famille* (1867) comptent parmi ses plus belles toiles.

BENOÎT XIII (1329-1423) – Pedro de Luna, juriste et théologien aragonais, professeur de droit canonique à l'université de Montpellier, puis cardinal, est élu pape en Avignon en 1394 sous le nom de Benoît XIII. L'échec des négociations avec son homologue romain ouvre une période trouble qui divise l'Occident catholique. Le Grand Schisme s'achève par la réintégration d'un pape unique à Rome, dont Benoît XIII ne reconnut jamais l'autorité.

BERGER, Yves (1931-2004) – Il étudie les lettres classiques à Montpellier, où il se lie à René Étiemble et Pierre Toreilles. Il puise dans ses années montpelliéraines l'inspiration de son roman *Le Sud*, prix Fémina en 1962. Il fut critique littéraire à *L'Express* puis au *Monde*, directeur littéraire des éditions Grasset et membre du haut comité de la langue française.

BEURRE de MONTPELLIER – Seule véritable spécialité culinaire montpelliéraine, il s'agit d'un condiment richement parfumé de fines herbes et d'anchois, qui accompagne les poissons grillés et les viandes froides ou grillées.

BIENNALE – La Biennale des jeunes créateurs d'Europe et de la Méditerranée est un festival pluriculturel, qui réunit environ 600 artistes du bassin méditerranéen, âgés de 18 à 35 ans et représentant de nombreuses disciplines artistiques. La ville de Montpellier soutient cet événement itinérant, en particulier les créateurs montpelliérains qui y participent tous les deux ans.

BIOTECHNOLOGIE – Il s'agit d'une technique qui met en œuvre des micro-organismes pour réaliser une transformation ou une synthèse en chimie et en pharmacologie. La renommée des laboratoires montpelliérains en biotechnologie et le volontarisme des pouvoirs publics ont favorisé l'implantation sur la commune ou à proximité d'entreprises reconnues à l'échelle internationale comme Sanofi-Aventis, DMS, Idenix, Bausch & Lomb, mais aussi ABX (350 salariés), en pointe sur le marché des automates d'analyse hématologique, ou SMS France (200 salariés), numéro un des systèmes d'information hospitaliers, qui ont engendré un tissu dense de petites entreprises innovantes. Cette synergie biotechnologique est une des clés, avec l'essor de l'informatique, de la croissance économique de Montpellier.

BLANQUERIE – Vestige de la commune clôture, c'est par la porte de la Blanquerie que Louis XIII entra dans Montpellier le 20 octobre 1622 à l'issue du siège de la ville. Elle fut jugée trop vétuste vers 1781 et reconstruite dans l'état que l'on peut contempler de nos jours. Elle ouvrait sur la rue de la Blanquerie, ainsi nommée en raison des blanchisseries qui s'y trouvaient et porte désormais le nom de rue de l'Université.

BOFILL, Ricardo (1939-) – Architecte catalan, il est célèbre et controversé pour ses inspirations antiques au service de réalisations monumentales et sa volonté d'utiliser les valeurs historiques méditerranéennes comme vecteur de la modernité. La ville est la référence principale de ses expériences menées dans une cinquantaine de pays. En France, son style en piliers, torsades, pilastres, et son souci de constructions à la fois esthétiques et fonctionnelles se sont concrétisés par des ensembles d'habitat social, des projets pour les villes nouvelles ou des équipements urbains. Il laisse une trace durable à Montpellier avec le quartier Antigone (1978) et l'hôtel de région Languedoc-Roussillon (1988).

BONAPARTE, Charles (1746-1785) – Avocat corse indépendantiste et père du futur empereur. Malade, il se rend à Montpellier, attiré par la réputation des médecins de la ville, mais le voyage lui est fatal. Inhumé dans la rue de l'actuel Rockstore, sa dépouille est récupérée bien plus tard par le frère de l'empereur et ramenée à Paris.

Hôtel Bazille. ▶

BONNIER DE LA MOSSON, Joseph (1702-1744) – Fils du trésorier de la bourse des États du Languedoc, propriétaire de l'hôtel de Rodez-Bénavent (rue des Trésoriers-de-la-Bourse) et du château de la Mosson, héritier d'une immense fortune, grand financier, homme à femmes et mécène des arts, il illustre le mode de vie de la bourgeoisie urbaine de la première moitié du XVIIIe siècle, gagnée par l'ivresse des fêtes et la recherche de la volupté.

LE CHÂTEAU BONNIER DE LA MOSSON

Seuls le pavillon central et le buffet d'eau ont échappé à la destruction de la splendide demeure édifiée par la famille Bonnier de la Mosson. La municipalité a engagé la restauration générale du domaine, magnifique cadre de détente et de promenade.

BULLE de NICOLAS IV – Acte fondateur de l'université montpelliéraine regroupant les écoles des arts, de droit et de médecine de la ville. Ce parchemin daté du 26 octobre 1289 officialise la pratique et l'enseignement de ces disciplines déjà présentes depuis un siècle dans la vie de la cité. Il est conservé par les archives municipales au sein de la médiathèque Émile Zola.

C

CABANEL, Alexandre (1823-1889) – Peintre montpelliérain représentant de la peinture académique, il fut couvert d'honneurs et de commandes officielles sous le Second Empire. Il exécuta de nombreuses décorations historiques théâtrales, dont *La Vie de saint Louis* conservée au Panthéon.

CABRIÈRES-SABATIER D'ESPEYRAN – Hôtel de la rue Montpelliéret, construit en 1872 et aménagé en musée, il présente une collection de meubles et d'objets d'art, qui furent légués à la ville, ainsi que la bâtisse qui les abrite, en 1957.

CADRAN SOLAIRE – La terrasse précédant le bassin du château d'eau du Peyrou est garnie d'un cadran solaire tout à fait particulier que l'on doit à Pierre Humbert, professeur de la faculté des sciences dans les années 1920. Le cadran est composé de deux types de pierre, des pierres annuelles portant chacune un mois de l'année et des pierres horaires. Pour lire l'heure, il faut se placer sur la pierre annuelle présentant le mois en cours et suivre ensuite son ombre, qui indique l'heure sur les pierres horaires.

◀ *Château Bonnier de la Mosson.*

Place de la Canourgue. ▶

CAMBACÉRÈS, Jean-Jacques-Régis de (1753-1824) – Après des études de droit, il devient avocat, puis conseiller à la Cour des comptes, aides et finances de Montpellier, sa ville natale. Élu à la Convention, il vote l'exécution de Louis XVI et reçoit la charge de coordonner la rédaction du Code civil, dont la version finale voit le jour sous l'Empire. Ministre de la Justice sous le Directoire, deuxième consul après le coup d'État du 18 brumaire, président du Sénat et du Conseil d'État, prince archichancelier lors de la proclamation de l'Empire en 1804 et duc de Parme, il accumule une fortune considérable au fil des années, avant d'être proscrit comme régicide à la Restauration. Il reste célèbre pour la formule « en public appelez-moi Votre Altesse Sérénissime, en privé Monseigneur suffira ».

CAMBON, Pierre-Joseph (1756-1820) – Riche négociant montpelliérain, il participa activement à la Révolution. Chargé de la mainmise de la nation sur les biens de la noblesse et du clergé, il se heurte à des difficultés dans les opérations de saisie. Ses adversaires le rendent responsable du désordre des finances publiques et Robespierre l'accuse de dépouiller le peuple. Cambon lui rétorque à la tribune un cinglant « demain, de Robespierre ou de moi, l'un des deux sera mort » et précipite l'exécution de son rival, le 10 thermidor. Plus tard, arrêté à Paris comme fauteur de trouble, il se retire dans sa ville natale, avant de s'exiler à Bruxelles à la Restauration.

◀ *Le centre de loisirs Astérix.*

LA MARSEILLAISE OU LA MONTPELLIÉRAINE ?

François Mireur (1770-1798), docteur en médecine à la faculté de Montpellier et adepte des idées de la Révolution, se rend à Marseille le 21 juin 1792 pour organiser la réunion des volontaires des deux villes désireux de participer à l'effort de guerre contre les puissances d'Ancien Régime. À cette occasion, il diffuse le *Chant de guerre de l'armée du Rhin*, composé en avril par Rouget de Lisle et colporté à Montpellier. Entonné par le bataillon parti de Marseille à son entrée dans Paris, il allait devenir l'hymne du pays. Pour que la *Marseillaise* portât un autre nom, il eût fallu que le contingent de soldats montpelliérains fût plus fourni !

CANOURGUE – Espace ombragé de micocouliers et écrin romantique de la fontaine aux Licornes, la place de la Canourgue doit son existence au chantier inachevé d'une cathédrale, dont Richelieu arrêta les travaux de crainte qu'elle ne devînt une place forte de la rébellion protestante. Son curieux nom signifie « maison des chanoines » en occitan et vient de ces dignitaires ecclésiastiques qui occupèrent jadis l'hôtel Richer de Belleval, celui dont le balcon en façade est soutenu par des atlantes. Ce palais accueillit la mairie pendant plus d'un siècle et abrite aujourd'hui certains services du tribunal.

CARNON-PLAGE – Sept kilomètres de sable fin entre l'étang de l'Or et la Méditerranée que connaissent bien les Montpelliérains qui s'y précipitent les week-ends ensoleillés.

La crèche Pinocchio. ▶

La cathédrale Saint-Pierre.

CATHÉDRALE SAINT-PIERRE – À l'origine, Saint-Pierre était une vaste chapelle accolée au monastère Saint-Benoît, fondée en 1364 et consacrée par Urbain V. Elle devient cathédrale en 1536 à la faveur du transfert du siège épiscopal de Maguelone à Montpellier, et abrite alors des œuvres d'art, dont de riches pièces d'orfèvrerie et de peinture. Partiellement détruite et pillée lors des guerres de religion, elle est reconstruite au XVIIe siècle et réaménagée au siècle suivant sur un projet de Jean-Antoine Giral. Elle conserve cependant son aspect originel et demeure l'une des seules cathédrales fortifiées du monde.

CELLENEUVE – Jadis porte d'entrée par l'ouest de Montpellier, le quartier Celleneuve a depuis été rejoint par l'urbanisation et intégré à la ville, dont il abrite la plus ancienne paroisse. Le quartier a puissamment été renouvelé par les flux de l'immigration.

CENTRE D'AIDE AUX ENTREPRISES – Montpellier met à disposition des nouveaux entrepreneurs des outils leur permettant de débuter leur activité. Le Centre européen d'entreprise et d'innovation Cap Alpha (CEEI) a été créé à cet effet en 1987 sur la commune de Clapiers pour aider les entreprises du secteur des biotechnologies. Pour une durée maximale de 23 mois, il met à disposition 38 450 m^2 de bureaux et d'ateliers, une aide au développement technologique, une formation au management, au *business plan* et au montage financier et un suivi de la gestion. Une fois la période écoulée, la priorité est donnée à ces entreprises pour rejoindre des ateliers relais en attendant une installation définitive. Cap Oméga, une autre pépinière d'entreprises installée dans le parc Eurêka et dédiée aux technologies de l'information et de la communication, Cap Gamma et bientôt Cap Delta des hôtels d'entreprises spécialisés en biotechnologie et biopharmacie au cœur du parc Euromédecine complètent le dispositif d'aide. 350 entreprises ont été accompagnées par le CEEI et plus de 80 % d'entre elles ont poursuivi leur activité trois ans après leur création.

CÉZELLI, Francèse de – Elle refuse de céder au chantage des ravisseurs espagnols de son époux, l'ancien gouverneur de Leucate (ville à la frontière de l'Aude et des Pyrénées-Orientales), qui désiraient échanger celui-ci contre les clés de la ville. Le malheureux fut exécuté, mais Leucate resta française. Cette Montpelliéraine d'origine se vit attribuer en récompense par Henri IV le gouvernement de la place de Leucate.

CHÂPEAU-ROUGE – C'est le nom d'un hôtel à la façade imposante de la rue du Pila-Saint-Gély, ancienne auberge restée célèbre car elle était la première rencontrée par les voyageurs venant de Provence et d'Italie.

CHAPTAL, Jean-Antoine (1756-1832) – Lozérien de naissance, étudiant en médecine à Montpellier, il se tourne vers la chimie et ses applications et obtient dans ce domaine une reconnaissance précoce : fondateur des premières fabriques de produits chimiques en France, titulaire de la chaire de chimie à l'École polytechnique, membre de l'Académie des sciences, ministre de l'Intérieur de Bonaparte (1800-1804), il crée la première école des arts et métiers et fait profiter Montpellier de ses fonctions en entreprenant la rénovation du jardin des Plantes et l'installation de la faculté de médecine dans les locaux du monastère Saint-Benoît. Sa méfiance grandit cependant à l'égard de l'Empire et il démissionne pour se consacrer à la culture de la betterave à sucre. Ses études sur l'ajout de sucre au moût de raisin avant la fermentation ont donné naissance au processus de chaptalisation.

CHARPAK, Georges (1924-) – Fils d'immigrés polonais, arrivé en France à 7 ans, il débute ses études universitaires dans les classes préparatoires du lycée Joffre de Montpellier, qui lui permet d'intégrer l'École nationale supérieure des mines. Il ne l'apprend qu'à son retour d'un camp de travail nazi, où il avait été déporté pour fait de résistance. Poursuivant ses recherches au CNRS, au Collège de France et au Cern de Genève, il met au point un détecteur de particules qui lui vaut le prix Nobel de physique en 1992. Membre de l'Académie des sciences depuis 1985, il conduit un ambitieux projet de rénovation de l'apprentissage des sciences à l'école primaire baptisé *La main à la pâte*, repris aujourd'hui dans une école française sur trois.

CHARTE de 1204 – Ce document est obtenu par les bourgeois et notables de la ville auprès de Pierre II d'Aragon et Marie de Montpellier le 15 août 1204, en contrepartie de leur soutien dans la conjuration ayant permis qu'ils deviennent seigneurs de Montpellier. C'est une charte de coutumes et libertés qui réglemente la vie municipale et confie le gouvernement de la cité à douze prud'hommes choisis chaque année, selon un mode d'élection par échelle de métiers. La transcription complète de la charte précise en 123 articles divers points de droit public ou privé.

LE PETIT THALAMUS

Il s'agit d'un registre – plus précisément un cartulaire – réunissant les textes juridiques qui ont organisé la vie de la cité tout au long du Moyen Âge. À ce titre, il contient une transcription complète de la Charte de 1204. Écrit en langue romane occitane, en latin puis en français, il forme un magnifique ouvrage conservé aux archives municipales de la ville.

CHAULIAC, Gui de (1298-1368) – Né en Lozère mais initié à la médecine à Toulouse et Montpellier, il est le plus éminent chirurgien du XIVe siècle. Inventeur présumé des ligatures vasculaires bien avant Ambroise Paré, des sutures avec fil d'or et des sondes cannelées, il fut le médecin de quatre papes et laisse un important traité de chirurgie, *Chirurgica Magna*. Un hôpital porte son nom.

CHENGDU – Montpellier est la première ville française à avoir initié dans les années 1980 un partenariat de jumelage avec une ville chinoise, Chengdu, « la ville des hibiscus », capitale de la province du Sichuan, située au centre ouest de la Chine, au pied du plateau tibétain. Centre du plan de développement gouvernemental de l'Ouest chinois, elle compte aujourd'hui 4,5 millions d'habitants et est réputée pour sa qualité de vie, en dépit d'une urbanisation fulgurante. Montpellier y possède sa maison, qui se consacre à sa renommée.

CIMETIÈRE SAINT-LAZARE – C'est un peu le Père-Lachaise de Montpellier. Ce cimetière abrite les tombes de notoriétés locales telles que Charles Flahault, célèbre professeur à la faculté des sciences et membre de l'Académie, Alfred Bruyas, un mécène à qui l'on doit les tableaux de Courbet, Delacroix et Géricault du musée Fabre, Alexandre Cabanel, peintre officiel sous Napoléon III, ou encore la dernière reine d'Italie.

La toute première salle de cinéma au centre Rabelais. ▶

CINÉMAS – La première salle montpelliéraine voit le jour en 1906 sur l'actuel centre Rabelais dont la façade restaurée porte encore le coq emblématique de la société cinématographique Pathé. Avant-guerre, la ville compte sept cinémas et un ciné-club. On compte aujourd'hui deux cinémas généralistes en centre-ville (Comédie et Royal), quelques salles consacrées au cinéma d'auteur et aux documentaires (Diagonal) et deux multiplexes (Gaumont Multiplexe à Odysseum et Méga-CGR de Lattes).

CITADELLE – Au début du XVIIe siècle, Montpellier est plongée dans la guerre civile entre protestants majoritaires et catholiques. Après un mois et demi de siège, Louis XIII obtient la reddition des réformistes et une trêve est signée le 12 octobre 1622. Pour loger ses troupes en garnison et maintenir la ville sous contrôle, il fait édifier une citadelle, dont les canons étaient en permanence braqués sur la ville afin de tenir en respect les velléités de rébellion. Symbole de l'arbitraire royal, elle est l'objet de la seule insurrection révolutionnaire de Montpellier en 1790. Aujourd'hui, les locaux aménagés de la citadelle sont occupés par le lycée Joffre, assurant la transition d'une menace de guerre à l'aspiration vers la connaissance.

CLAPAS – Le surnom de Montpellier en occitan, *lo clapas*, signifie textuellement « le tas de pierres ». Ce nom aurait été d'usage bien avant la création de Montpellier, avant même l'arrivée des Romains. Les manuscrits disponibles n'en font cependant état qu'à la fin du XVIIIe siècle.

◀ *Parc Clemenceau.*

CLEMENCEAU – Depuis 2002, la municipalité a acquis les terrains du parc de l'ancien commissariat de police de l'avenue Georges-Clemenceau et a transformé la parcelle en un vaste espace vert pour le centre-ville. Parc à vivre élaboré en concertation avec les habitants du quartier, il est le refuge d'arbres exotiques (cèdres, sapins pinsapos, marronniers, mûriers de Chine) et indigènes (pins, arbres de Judée, micocouliers); il accueille promeneurs, sportifs et enfants.

CLIMAT – Le climat montpelliérain est de type méditerranéen et se traduit par une saison hivernale de novembre à mars marquée par de fortes précipitations et un été sec accompagné d'orages en août. La concentration des pluies peut entraîner de fortes inondations. Les températures sont très clémentes, descendant rarement en hiver en dessous de 5 °C. La température moyenne est de 14,2 °C contre 12,2 °C avec des pointes à plus de 30 °C en été.

CŒUR, Jacques (1395-1456) – Homme d'affaires investi de charges officielles, il est nommé en 1441 commissaire du Roi auprès des États du Languedoc afin de relever l'économie régionale. L'arrivée à Montpellier de ce marchand d'envergure s'accompagne du retour d'une prospérité commerciale longtemps oubliée. Le comptoir ouvert sur la Méditerranée reliant le port de Lattes à l'Orient permet ainsi à la ville de concurrencer les négociants catalans et génois. Mais la fortune du « grand argentier du Roi » suscite la jalousie des commerçants de la cité, qui l'accusent de commercer essentiellement pour son propre compte. Son arrestation pour malversation met fin aux ambitions commerciales de la ville.

Les halles Jacques Cœur. ▶

COMÉDIE – Bien qu'excentrée de l'Écusson, la place de la Comédie est le cœur de la ville, irriguée des flux sans cesse renouvelés provenant des ruelles adjacentes. Les Montpelliérains connaissent-ils vraiment cette place qu'ils traversent à toute allure, sans toujours prendre le temps de profiter de son charme? Elle tient son nom du théâtre municipal dont la façade monumentale orne le sud-ouest de la place. Centre d'intérêt de la ville bourgeoise sous le Second Empire, elle se charge alors de somptueuses demeures décorées de grappes de raisin, de cornes d'abondance et de guirlandes de fleurs, rappelant l'origine agricole de la richesse de leurs propriétaires. La place devient un lieu de rencontre et de flânerie. Les travaux de la fin du XIXe siècle y transportent la fontaine des Trois Grâces et renforcent sa position névralgique. Progressivement, l'automobile a été bannie de la place et c'est le tramway qui relie aujourd'hui le centre de la cité aux quartiers périphériques.

LA PLACE DE L'ŒUF

Les Montpelliérains désignent volontiers la Comédie par son sobriquet railleur de « place de l'œuf ». Ce drôle de nom lui a été donné en raison de sa forme ovoïde, figée par les aménagements urbains du XIXe siècle qui en faisaient le lieu de convergence des principaux axes de circulation de la ville. C'est en référence à cette appellation déjà centenaire qu'a été tracée au sol une ligne de marbre rose symbolisant un œuf.

COMÉDIE DU LIVRE – C'est au mois de mai et trois jours durant que Montpellier ouvre ses portes à la littérature. La municipalité et les librairies de la ville accueillent sur la place emblématique de Montpellier de nombreux écrivains français, célèbres ou prometteurs. Cette fête du livre permet également de découvrir une littérature lointaine et exotique : après la Grèce en 2002, la Chine en 2003, le Maroc en 2004 et le Brésil en 2005, c'est l'Australie qui était à l'honneur en 2006.

COMMERCE – Montpellier est d'abord une cité marchande, et le commerce fut son axe de développement, la source d'un essor sans pareil qui transforma en trois siècles un terrain agricole en deuxième ville du royaume. Via son port de Lattes, Montpellier était un carrefour commercial entre les foires d'Europe et les marchés d'Orient : pièces d'orfèvrerie, vins, huile, cuirs, et surtout la draperie assuraient sa prospérité. La veine s'est tarie avec l'ensablement du Lez, mais la vocation commerciale de la ville se retrouve aujourd'hui dans le centre-ville, entre la rue de la Loge et la galerie marchande Polygone-Triangle. En 2004, Montpellier comptait 3 575 établissements commerciaux occupant près de 12 000 personnes, soit 10 % des emplois de la ville et un emploi commercial sur quatre du département.

COMMUNE CLÔTURE – Lorsque les seigneurs médiévaux de Montpellier partaient guerroyer, ils laissaient la ville sans protection. Une clôture fut ainsi édifiée sur 2 km de long, composée de 25 tours et de 10 portes, dont il ne reste aujourd'hui que les vestiges des tours des Pins et de la Babote. Le tracé actuel de la commune clôture passe par les boulevards Henri-IV, Ledru-Rollin, du Jeu-de-Paume et de l'Observatoire, remonte par le boulevard Victor-Hugo pour rejoindre

◀ *La Comédie du livre.*

Le Corum. ▶

◀ *Les escaliers du Corum.*

le boulevard Louis-Blanc et fermer la boucle par le boulevard Pasteur.

COMTE, Auguste (1798-1857) – Philosophe né à Montpellier et ancien élève du lycée Joffre, il est parfois considéré en France comme le fondateur de la sociologie. Il tend à faire converger les esprits vers une doctrine unique, le positivisme, qui cherche à dégager les lois des phénomènes physiques et de l'organisation sociale.

CONSTRUCTION – En 2004, la ville de Montpellier comptait 1 250 établissements de construction, soit la moitié des entreprises de construction de l'agglomération et 16,8 % de celles du département. Sur Montpellier, ce secteur emploie près de 4 000 salariés, soit 20 % des emplois de construction de l'Hérault mais seulement 3,5 % du total des emplois de la ville.

CONTRAT DE VILLE – Le contrat de ville a été signé le 13 février 2001 pour la période 2000-2006. Il concerne tous les aspects de la vie quotidienne des habitants : rénovation des logements, éducation des enfants, services de proximité, allocations précarité, intégration socioprofessionnelle et citoyenneté de par la volonté de la ville. Il s'est fixé des priorités en direction des jeunes, du logement, de l'insertion économique et de la sécurité. Trois préoccupations transversales orientent les domaines d'action : la prise en compte du problème de l'intégration et la lutte contre les discriminations et les exclusions ; le développement d'une gestion urbaine de proximité afin de garantir l'égalité devant le service public et de renforcer la cohésion sociale ; la participation et l'implication des citoyens.

CORUM – Palais des congrès et opéra conçus par Claude Vasconi, accueillant dans son enceinte, à deux pas de la Comédie, des événements culturels et professionnels. Son nom composite renvoie peut-être aux associations congrès et auditorium ou cœur et forum. L'opéra Berlioz propose des spectacles de danse, de musique et d'art lyrique, notamment pendant les festivals, et abrite l'orchestre philharmonique de Montpellier-Languedoc-Roussillon. Ce complexe accueille près de 500 000 visiteurs chaque année et place Montpellier au troisième rang des villes françaises recevant des congrès internationaux.

COSMOPOLITISME – Depuis le Moyen Âge, l'activité commerciale de Montpellier et l'excellence de son université en font une cité attractive et cosmopolite. À la fin du XIXe siècle, les riches propriétaires terriens de la ville importent une main-d'œuvre bon marché (un habitant sur deux est alors né hors de la ville), prolongeant une tradition de renouvellement urbain qui va être la clé du décollage démographique de Montpellier au XXe siècle. Sa mutation en capitale régionale, centre administratif et bassin technologique, appelle de nouvelles migrations d'actifs tertiaires, jeunes et diplômés, qui régénèrent la population et contribuent à donner à la ville son image de plaque tournante de la culture et du savoir.

COUR des COMPTES, AIDES et FINANCES – En 1467, la Cour des aides (tribunal pour les procès relatifs à la fiscalité) s'installe à Montpellier. En 1523, c'est au tour de la Chambre des comptes, qui vérifie les comptes des officiers royaux. Enfin, en 1577 est créé le bureau des Finances. Ces organes fusionnent en 1629 pour

La station Corum du tramway. ▶

◀ *Festival Montpellier Danse.* ▶

former la Cour des comptes, aides et finances, qui va fournir de nombreuses charges à la noblesse et à la grande bourgeoisie montpelliéraine, participant ainsi à la prospérité de la cité. Elle disparaît à la Révolution. Il faut attendre la planification gaullienne pour que Montpellier retrouve son rôle de capitale administrative.

CRU PIC SAINT-LOUP – Situé au nord de Montpellier, son appellation vinicole date de 1995. Le mélange de cépages syrah, merlot, cabernet et cinsault donne des vins rouges denses, colorés, forts en alcool, larges et longs en bouche ; chardonnay, sauvignon et viognier produisent des vins blancs lumineux, délicats, aux arômes de fleurs blanches.

CUISINE – La gastronomie montpelliéraine est sous l'influence du littoral méditerranéen et des départements limitrophes. On y retrouve pêle-mêle la soupe de poissons (Sète), les fruits de mer (bassin de Thau), les herbes aromatiques (Provence), les tourtes ou feuilletés au roquefort et les préparations à base d'escargots (Lozère, Aveyron), fromages (Larzac) et charcuterie (Tarn), mais aussi les spécialités héraultaises comme le petit pâté de Pézenas, la cèbe de Lézignan, le navet de Pardailhan ou le ragoût d'*escoubilles* (les restes en occitan).

D

DANSE – Chaque année, de fin juin à début juillet, les plus grandes compagnies de danse contemporaine sont à l'affiche du festival Montpellier Danse. Par cet événement et les spectacles organisés par ailleurs tout au long de la saison, l'art chorégraphique trouve une place de choix à Montpellier et porte la renommée de la ville au-delà des frontières nationales.

DARU, Pierre (1767-1829) – Né à Montpellier, il était un remarquable logisticien militaire et occupa à ce titre plusieurs postes sous l'Empire, dont intendant général de la Grande Armée de Napoléon en Autriche et en Prusse ou ministre de la Guerre. Son habileté fut même reconnue par le gouvernement de la Restauration qui le fit pair de France en 1819. Amoureux des lettres, il protégea Stendhal et eut Littré comme secrétaire.

DÉCHETS – Dans les années 1990, Montpellier faisait figure de pionnière en France avec Demeter, sa filière de tri sélectif. Depuis, les structures se sont développées avec un centre écologique de tri, un centre de traitement d'inertes à Grabels, la mise en place d'unités de méthanisation couplées à une plate-forme de compostage à Grammont, et l'implantation de 10 déchetteries et 430 points verts (papier et verre) sur l'ensemble de

l'agglomération. Des problèmes subsistent toutefois, notamment à Lattes où la fermeture de la décharge du Thôt est rendue difficile par l'absence de lieu équivalent pour entreposer les déchets non recyclables.

DEHAENE, Jean-Luc (1940-) – L'ancien Premier ministre de la Belgique, de 1992 à 1995 et de 1995 à 1999, également vice-président de la Convention européenne, ministre d'État à titre honorifique et bourgmestre (maire) de Vilvoorde, est né à Montpellier.

DELL COMPUTER – Fabricant d'ordinateurs d'envergure internationale, Dell s'est implanté à Montpellier en 1992 et emploie aujourd'hui près d'un millier de salariés. Depuis 2004 et la délocalisation au Maroc de ses services aux particuliers, des rumeurs circulent sur la cessation d'activité du centre d'appels localisé à Montpellier. La direction de Dell prétend au contraire vouloir spécialiser le site héraultais dans le marché informatique des entreprises et vise l'encadrement et la formation d'ingénieurs d'affaires.

DELTEIL, Joseph (1894-1978) – Écrivain et poète, compagnon des surréalistes, il se retire en 1930 des cercles littéraires parisiens pour la tuilerie de Massane, près de Montpellier, perdue au milieu des vignes. Lui et son épouse y résident jusqu'à leur mort.

DEMETER – Le programme Demeter favorise le traitement et la valorisation des déchets ménagers sur l'agglomération de Montpellier. Il organise le tri sélectif et concourt à l'élimination progressive des sacs plastiques.

◀ *Les établissements Dell Computer.*

DÉMOCRATIE et CITOYENNETÉ – Faire progresser la démocratie est un labeur quotidien mais exaltant, auquel la municipalité accorde une importance particulière. Ainsi, l'élaboration de la politique municipale tient compte des réunions de quartiers qui sont régulièrement organisées dans la ville en présence des adjoints au maire et des fonctionnaires municipaux. La ville a par ailleurs mis en place une délégation à la démocratie de proximité qui apporte son soutien aux associations et aux comités de quartiers, via la commission Montpellier au quotidien et avec la participation des commissions extra-municipales qui renforcent le lien politique et social entre les habitants de la ville et leurs représentants élus. Une Maison de la démocratie a également été créée pour enrichir le débat citoyen.

LA MAISON DE LA DÉMOCRATIE

Il s'agit d'une structure mise au service des citoyennes et citoyens de la ville. Elle abrite la régie municipale des Maisons pour tous, la direction des affaires culturelles, le service des associations, le service des journaux municipaux, les services de Montpellier au quotidien et le secrétariat permanent des conseils citoyens de secteur. La Maison de la démocratie présente l'avantage d'offrir, dans un seul lieu, des moyens techniques, médiatiques et des salles de réunions pour permettre aux membres bénévoles des conseils citoyens de secteur de faire mieux vivre la démocratie de proximité. Elle est située 16, rue de la République et peut être contactée au 04 67 34 88 00.
D'après www.montpellier.fr

La Maison de la démocratie et de la citoyenneté. ▶

DÉMOGRAPHIE – La lente augmentation de la population montpelliéraine a connu une brutale accélération après-guerre. Entre 1954 et 1999, la croissance démographique a été cinq fois plus importante qu'au cours de la première moitié du siècle. Avec 244 500 habitants en 2004, Montpellier est la huitième ville française *intra-muros* et se caractérise par la jeunesse de sa population (3 habitants sur 5 ont moins de 40 ans) et son hétérogénéité (80 % ne sont pas nés dans la ville). Le dynamisme démographique de la ville est donc largement dû à son attractivité professionnelle depuis l'immigration ouvrière et agricole des années 1960-1970 jusqu'à l'arrivée des cadres du tertiaire supérieur depuis vingt ans, en passant par les flux étudiants drainés par l'université.

ACCROISSEMENT DÉMOGRAPHIQUE DE MONTPELLIER DEPUIS 1946

	Recensement de la population (en milliers)	Accroissement entre deux dates (en %)
1946	93 102	–
1954	97 501	+ 5 %
1962	118 864	+ 22 %
1968	161 910	+ 36 %
1975	191 354	+ 18 %
1982	197 231	+ 3 %
1990	207 996	+ 5 %
1999	225 392	+ 8 %
2004	244 100	+ 8 %

Source : Insee et mairie de Montpellier.

STRUCTURE PAR ÂGE DE LA POPULATION DE MONTPELLIER, DU DÉPARTEMENT ET DE LA RÉGION

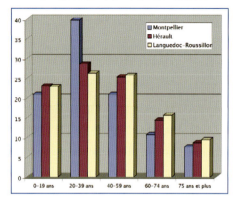

Source : Insee et mairie de Montpellier.

DÉPARTEMENT (conseil général) – Montpellier, préfecture et chef-lieu du département de l'Hérault, est le siège du conseil général dont l'hôtel du département a été construit dans le quartier d'Alco (Montpellier nord).

DESSIN – Situé dans le bâtiment historique de l'université de médecine, le musée Atger porte le nom de Jean-François Xavier Atger (1758-1833), amateur d'art, qui légua à la faculté son impressionnante collection de dessins des écoles flamande, italienne, hollandaise, allemande et française, de la Renaissance au XIXe siècle.

DÉVELOPPEMENT DURABLE – En moins de trente ans, Montpellier a davantage changé qu'au cours des deux siècles précédents. Miser sur un développement durable consiste à ne pas épuiser ou gâcher les ressources de la ville et faire en sorte que la croissance économique s'accompagne de progrès sociaux et du respect de l'environnement. Le concept d'*écomobilité*, soit la combinaison des modes de transports pour se déplacer, répond à cet objectif.

DÉVOTIONS – Montpellier était au Moyen Âge une des haltes des pèlerins en chemin pour Saint-Jacques-de-Compostelle. Ces derniers arpentaient le *cami roumieu* et trouvaient à Montpellier un droit d'asile de deux jours et trois nuits au sein de l'église de Notre-Dame-des-Tables, dans laquelle ils venaient adorer l'effigie d'une vierge noire ramenée des croisades par Guilhem VI. Cette vierge, protectrice de la ville, portait le nom de *Majesta Antica*. Elle disparut au cours des guerres de religion et ce n'est qu'à la fin du XIXe siècle que l'église de Montpellier s'est vu offrir une copie, renouant ainsi avec la tradition des dévotions.

DIAGONAL – Les cinémas Diagonal exploitent principalement des films d'art et d'essai et des films étrangers en version originale. Le premier Diago, Celleneuve, créé en 1983, se trouve dans le quartier du même nom. À la faveur d'un accord passé avec Gaumont suite à l'installation d'un multiplexe à Odysseum, il dirige depuis 1998 le Capitole en centre-ville, et exploite en tout quatre lieux pour dix salles.

DIVERGENCES FM – Radio associative créée en 1987, installée à Montpellier et émettant sur 93.9 FM et l'internet. Elle vise à faire le lien entre les cultures et les classes de la ville. « Donner du sens aux sons » est sa devise empruntée à Claude Nougaro.

DUBOUT, Albert (1905-1976) – Ancien élève de l'école des Beaux-Arts de Montpellier, il fréquente alors le petit train qui allait de la Comédie à Palavas-les-Flots et dresse des croquis de voyageurs bourgeois et grotesques, matrice de son œuvre à venir. Dessinateur des plus grands journaux parisiens, il réalise également 17 albums, des affiches de cinéma et illustre de nombreux livres. En 1992, la ville de Palavas a inauguré un musée Albert Dubout.

LE PETIT TRAIN DE LA MER

Inauguré en 1872, il reliait Montpellier à Palavas via Lattes. Les « trempe-culs », comme les appelaient les pêcheurs, quittaient la ville pour la journée et venaient s'initier aux plaisirs de la mer. Il disparaît en 1968, devenu obsolète à l'heure de la ruée en voiture vers les plages. Si son tracé est difficile à retrouver – seuls subsistent aujourd'hui le pont des Quatre-Canaux et la petite gare de la Céreirède –, le petit train de la mer continue de marquer l'imaginaire de la ville.
D'après Roland Jolivet, *Un petit train de folie*, 1999.

DURAND, Jean-Jacques-Louis (1760-1794) – Il est le premier maire élu de Montpellier, ce qui est assez croustillant pour cet aristocrate, fervent royaliste, condamné à finir ses jours sur l'échafaud le 11 janvier 1794.

E

EAU – Montpellier distribue une eau de très bonne qualité provenant de la source du Lez. 609 km de conduites permettent d'acheminer chaque jour 60 000 m^3 d'eau potable en moyenne, chez 30 712 abonnés. 321 km de réseaux récupèrent les eaux usées. Grâce à leur bon entretien, le rapport eaux distribuées / eaux consommées est passé de 74,5 % en 1989 à 82,7 % en 2000.

ÉCOMOBILITÉ – Afin d'améliorer la qualité de l'air en ville, la municipalité conduit une politique de valorisation des transports publics et de réduction du trafic automobile. Outre la piétonisation du centre-ville, la municipalité a favorisé le développement de transports collectifs non polluants, comme le tramway, et remplace tous ses bus au gazole par des véhicules au gaz naturel. Pour inciter les habitants à choisir les transports collectifs, la ville prend en charge 40 % du montant de l'abonnement, auxquels s'ajoutent 10 % de participation de Montpellier Agglomération. L'allongement des pistes cyclables et la création de parkings aux stations de tramway complètent le dispositif d'écomobilité intermodale.

Fontaine de l'esplanade du Corum. ▶

ÉCUSSON – L'enceinte de la commune clôture dessinait jadis une forme d'écusson qui désigne encore aujourd'hui le centre-ville historique de Montpellier et ses bordures, du Peyrou à la Comédie. L'Écusson fait l'objet de rénovation et d'aménagement de la part de la municipalité depuis trente ans, notamment sa piétonisation. La rénovation du centre-ville fut accompagnée de la construction du Corum, de l'implantation des deux médiathèques municipales (Émile Zola et Federico Fellini) et de la création de l'espace Pitot près du Peyrou.

ÉGLISE SAINTE-CROIX – Selon la légende, Guilhem VI a rapporté de croisade un morceau de la vraie croix du Christ, sur laquelle il fit construire l'église Sainte-Croix.

ÉLECTION des CONSULS – Le Petit Thalamus de la ville présente dans ses écritures une transcription du mode d'élection des consuls après la charte de 1204. Le gouvernement de la cité est à cette époque confié à douze prud'hommes élus selon un mode de scrutin qui frappe aujourd'hui par sa maturité démocratique. Les habitants votaient en échelles de métiers, selon leur profession. Les citoyens, formant l'échelle la plus basse, nommaient les électeurs de premier degré qui nommaient à leur tour ceux de second degré, ces derniers, avec les consuls sortants, choisissant parmi eux les nouveaux consuls.

EMBOUQUE D'OR – Aussi charmante par son nom que par sa bordée d'hôtels particuliers, dont celui sis au n° 4, ayant appartenu à Jacques de Manse, trésorier de France.

◀ *Salon du cheval au parc des expositions.*

EMPLOI – 35 000 emplois ont été créés depuis 1985. Ce résultat spectaculaire n'est pas seulement dû à l'essor démographique de la ville qui augmente les besoins de ses habitants, mais surtout à la croissance de son économie, soutenue d'une part par la diversification de l'activité touristique, d'autre part par le développement de pôles scientifiques et de recherche, en particulier concernant l'informatique et les biotechnologies. Ce pari sur les activités commerciales et de hautes technologies se traduit par la concentration de 90 % des emplois dans le secteur tertiaire. Le chômage dans la zone d'emploi de Montpellier tourne pour sa part autour de 14 % depuis le début des années 2000.

RÉPARTITION DE L'EMPLOI PAR CATÉGORIE SOCIOPROFESSIONNELLE

Catégories socioprofessionnelles	Montpellier	France
Agriculteurs	0,2 %	2,4 %
Artisans, commerçants, chefs d'entreprise	5,4 %	6,4 %
Cadres, professions intellectuelles	18,7 %	12,1 %
Professions intermédiaires	26,0 %	22,1 %
Employés	32,6 %	29,9 %
Ouvriers	17,1 %	27,1 %

Source : Insee, dernier recensement.

Le Zénith. ▶

◀ L'école primaire Daudet.

RÉPARTITION DE L'EMPLOI À MONTPELLIER PAR SECTEUR D'ACTIVITÉ

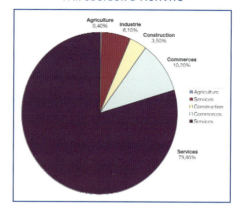

ENJOY MONTPELLIER – Filiale de l'office de tourisme, *Enjoy Montpellier* agit précisément dans le tourisme d'affaires et organise 250 manifestations professionnelles par an réunissant environ un million de participants. Son site internet informe également les visiteurs des manifestations qui se déroulent dans la ville. Cet organisme s'appuie sur trois immenses infrastructures : le Corum, le Zénith Sud et le parc des expositions.
Voir : www.enjoy-montpellier.com

ENSEIGNEMENT PRIMAIRE – La ville de Montpellier compte 115 écoles maternelles et élémentaires, qui reçoivent près de 18 000 enfants de 6 à 12 ans, répartis dans plus de 740 classes. Chaque année, la municipalité, qui assure l'entretien, la rénovation et la construction des écoles, leur consacre plus de 40 millions d'euros, soit l'équivalent de 2 260 euros par enfant. Ils pourront poursuivre leur scolarité dans l'un des 24 collèges, puis l'un des 15 lycées de la ville.

ENSEIGNEMENT SUPÉRIEUR – À Montpellier, plus d'un habitant sur quatre est étudiant. La ville compte aujourd'hui plus de 70 000 étudiants, la majorité scolarisée dans trois universités : Montpellier 1, près de 20 000 étudiants, regroupe les disciplines historiques de la ville, droit, médecine, pharmacie, mais aussi économie, gestion, odontologie et Staps ; Montpellier 2, ou université des sciences et techniques du Languedoc, affiche un peu plus de 12 000 inscrits, dont plus d'un quart en IUT ; Montpellier 3, ou université Paul Valéry, enseigne les lettres, les langues, les sciences humaines et les arts à plus de 20 000 étudiants. La renommée des universités montpelliéraines court depuis le Moyen Âge, particulièrement dans les domaines de la médecine, du droit et aujourd'hui des nouvelles technologies.

PANORAMA DES ÉCOLES UNIVERSITAIRES DE MONTPELLIER

Agro Montpellier : École nationale supérieure agronomique de Montpellier ; www.agro-montpellier.fr
CNED : Centre national d'enseignement à distance ; www.cned.fr
CNR : Conservatoire national de région Montpellier Agglomération ; www.montpellier-agglo.com/cnr/
CNAM Languedoc-Roussillon : Conservatoire national des arts et métiers ; www.cnam.agropolis.fr
EAI : École d'application de l'infanterie ; www.inf.terre.defense.gouv.fr

La faculté de médecine. ▶

ENSA Montpellier : École nationale supérieure d'architecture de Montpellier ; www.montpellier.archi.fr
ENSCM Montpellier : École nationale supérieure de chimie ; www.enscm.fr
ESBAMA : École supérieure des beaux-arts Montpellier Agglomération ; www.esbama.fr.st
ESMA : École supérieure des métiers de l'aéronautique ; www.esma.fr
IDRAC Montpellier : École supérieure de commerce ; www.idrac-montpellier.com
IUFM : Institut universitaire de formation des maîtres ; www.montpellier.iufm.fr
Institut universitaire euro-méditerranéen Maïmonide : http://maimonide-institut.com
Institut protestant de théologie de Montpellier : www.iptheologie.asso.fr/facmontpellier/
Polytech' Montpellier : École polytechnique universitaire de Montpellier (anciennement Isim) ; www.polytech.univ-montp2.fr
Sup de Co Montpellier : École supérieure de commerce de Montpellier ; www.supco-montpellier.fr

ENSOLEILLEMENT – Le climat méditerranéen baigne le Languedoc-Roussillon, l'Hérault et Montpellier d'un ensoleillement privilégié, atout de choix pour attirer les touristes mais aussi les actifs des industries de hautes technologies et du tertiaire supérieur marchand.

ESBAMA – L'École supérieure des beaux arts de Montpellier Agglomération (Esbama) offre une grande qualité de travail avec des ateliers en réseau (vidéo, informatique, infographie, animation et photographie, sérigraphie, gravure, reprographie) formant un vaste

◀ *Le bus infos-jeunes.*

espace d'expérimentation (dessin, peinture, sculpture, céramique, modelage, moulage, ferronnerie et menuiserie). L'école propose à ses élèves des stages en entreprises, conférences, expositions, participations à des manifestations, échanges internationaux, etc. La formation dure cinq ans et offre des équivalences en licence d'arts plastiques.

ESPACE MONTPELLIER JEUNESSE – Service municipal consacré aux besoins des jeunes, il propose des informations (logement, stages, orientation, bourses, journaux…) et des services (reprographie, multimédia), organise des rencontres à thème (entre professionnels et jeunes, sur les concours administratifs, les chantiers de jeunes…) ; il tient des permanences destinées à faciliter l'intégration des jeunes dans la cité (aide juridique…) et à faire connaître les ressources que la municipalité met à leur disposition (bourses initiatives jeunes, la carte Été Jeunes, le bus des discothèques – l'Amigo, le Salon du logement étudiant, les tarifications étudiantes…). Situé au 6, rue Maguelone, l'espace Montpellier Jeunesse est ouvert du lundi au vendredi, de 12 h à 18 h et de 12 h à 17 h pendant les vacances scolaires.

ESPACE PITOT – Conçu par les architectes Richard Meier et Antoine Garcia Diaz, l'espace Pitot rassemble divers équipements et infrastructures publiques. On y trouve une piscine, un gymnase, la salle Guillaume de Nogaret et un parking souterrain. Des logements, commerces, écoles, des centres de formation et le tribunal administratif occupent également les lieux.

Le gymnase Marcel Cerdan. ▶

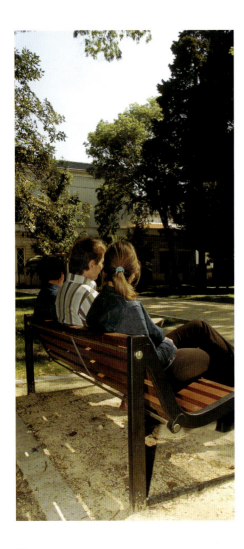

ESPACES VERTS – Montpellier compte plus de 412 hectares d'espaces verts communaux répartis sur une quarantaine de sites. Depuis vingt ans, la municipalité a permis l'entretien et la sauvegarde de cinq grands domaines sur la commune et leur ouverture gratuite au public. À l'extérieur de la ville, les domaines de Grammont, Méric et Bonnier de la Mosson présentent de nombreuses activités mêlant culture et loisir sportif sur de vastes étendues propices à la flânerie. Au cœur de ville, l'esplanade royale du Peyrou et le jardin des Plantes offrent de splendides lieux de promenades. Mais le souci d'un environnement de qualité se mesure d'abord à l'aération du tissu urbain : à Montpellier, chaque quartier compte un nombre quasi identique de parcs, de squares et d'esplanades aménagées.

ESPLANADE CHARLES de GAULLE – Cet espace en dehors de la ville a longtemps servi de dépotoir à la population contenue dans les rues exiguës de l'enceinte. Après les guerres de religion et l'édification de la citadelle, ce vaste terrain vague sert de zone tampon entre le pouvoir royal et les Montpelliérains révoltés. En 1723, la décision d'aplanir et de régulariser le terrain permet d'y tracer des allées plantées d'arbres et un large chemin. Aujourd'hui, ce lieu de transit entre le Corum et la Comédie est devenu un paisible lieu de promenade à l'ombre généreuse des platanes, agrémenté de bassins et jets d'eau. Le pavillon populaire de l'esplanade fut édifié par l'association générale des étudiants en 1890 et sert de salle d'exposition.

◀ *Le parc Roblès.*

ÉTYMOLOGIE – *Monte Pestelario* est l'appellation occitane qui désignait jadis Montpellier. Elle fait référence au pastel, plante utilisée dans la teinture des tissus, qui poussait dans la garrigue environnante.

EURÊKA – Regroupement d'activités économiques tertiaires et technologiques, il concentre les fleurons de l'industrie informatique (IBM, Dell Computer, 3Com, PalmSource) et pharmaceutique (laboratoires Chauvin, Bausch & Lomb), mais aussi Cap Oméga et 350 entreprises y qui totalisent plus de 7 250 emplois.

EUROMÉDECINE – Immense parc situé sur la zone Montpellier nord et regroupant plusieurs établissements publics ou privés accueillant des activités liées à la santé, à la recherche pharmaceutique et au génie biologique et médical. Pôle technologique, il emploie environ 5 000 personnes au sein de laboratoires (Inserm, CNRS, CRTS, Centre régional de lutte contre le cancer) et d'entreprises médicales et pharmaceutiques (Sanofi-Aventis).

Le parc du château de Grammont. ▶

F

FABRE, François-Xavier (1766-1837) – Peintre né à Montpellier, il est l'élève de Joseph-Marie Vien, autre prestigieux peintre montpelliérain, et de Jacques-Louis David. Il travaille surtout en Italie, aiguisant son art au contact des peintres florentins. En 1825, il revient à Montpellier et fait don à la ville de ses collections de peintures et de livres à condition qu'elles fournissent un musée.

LE MUSÉE FABRE

Aménagé à l'intérieur de l'hôtel de Massilian et inauguré en 1828, il fut ensuite agrandi d'une partie du collège des jésuites et, depuis peu, des locaux de la bibliothèque voisine. Il présente la collection personnelle des œuvres de François-Xavier Fabre, ainsi que des pièces signées Delacroix et Courbet. À l'issue des travaux d'agrandissement, plus de 20 000 visiteurs par an devraient pouvoir les admirer.

FANFARE – Après plus d'une dizaine d'éditions, le Festival des fanfares de Montpellier continue d'égayer les faubourgs de la ville, en particulier aux Beaux-Arts. Résolument conduit dans le souci d'animer la vie de quartier, ce festival original prend une importance grandissante dans le cœur des Montpelliérains.

◀ *Festival des fanfares.* ▶

FÊTES ET FOLKLORE – Tout tourne à la fête à Montpellier. La jeunesse de la population et la concentration étudiante en font une ville où les occasions de se réjouir sont nombreuses. Du carnaval à la Saint-Patrick, en passant par la fête de la musique, la traditionnelle fête du 16 août en hommage à saint Roch ou l'arrivée du Beaujolais nouveau, les rues et les bars de la ville se remplissent d'une foule hétéroclite de noctambules branchés. Le rayonnement de Montpellier passe par l'organisation de festivals devenus au fil du temps des images de marque de la ville. La saison débute en juin avec le Printemps des comédiens qui prend date dans le domaine du Château d'Ô et le Festival des fanfares. Au début de l'été, Montpellier Danse accueille des compagnies internationales pour dix jours de fête et de folklore, et tout au long du mois de juillet, les représentations théâtrales, spectacles en plein air et concerts du Festival de Radio France et Montpellier-Languedoc-Roussillon créent de formidables rencontres musicales. La ville grouille alors de festivaliers, de passionnés et de promeneurs rassemblés dans la tiédeur des soirs d'été. Les Internationales de la guitare et le Festival international du film méditerranéen prolongent en octobre les saveurs de l'été. L'offre festivalière se complète du Festival chrétien du cinéma et Montpellier Swing Dance Festival en février, du Festival ciné Montpellier en mars, Battle of the year France en avril, Saperlipopette, voilà enfantillages ! en mai, les Nuits de Sainte-Anne en juin-juillet, le Festival des sports extrêmes – Fise et Cinéma sous les étoiles en été, l'édition des QuARTiers libres fin septembre et Montpellier à 100 % en octobre.

La fête de la musique place de la Comédie.

FLAUGUERGUES – Folie montpelliéraine (riche demeure édifiée dans la campagne), ce château au cœur d'un vignoble date de la fin du XVIIe siècle et est classé monument historique. Il servit de modèles à d'autres maisons de plaisance de la région et reste l'une des plus remarquables (plus de vingt mille visiteurs chaque année).

FOCH – À l'origine, la rue Foch était dénommée rue Impériale et date des remaniements haussmanniens lancés sous le mandat de Jules Pagézy. Axe majeur reliant le Peyrou et l'arc de triomphe à la Comédie, elle aère le quartier, libérant l'accès aux halles Castellane. Renommée après la Première Guerre mondiale, elle se pare de boutiques de luxe jouxtant les hôtels bourgeois de la fin du XIXe siècle.

FONTAINE des LICORNES – À l'origine de sa création, à la fin du XVIIIe siècle, elle s'appelait fontaine des Chevaux marins et était érigée sur l'actuelle place Jean-Jaurès en l'honneur du marquis de Castries, dont les armoiries représentent des licornes. Démontée en 1865 et déplacée au fond de la place de la Canourgue, on peut regretter qu'elle y soit peu mise en valeur.

FOOTBALL – Club historique de la ville, l'équipe masculine du Montpellier Hérault Sport Club (MHSC) joue dans le championnat de Ligue 2, mais dispose d'infrastructures de qualité (stade de la Mosson, centre de formation de Grammont) qui portent les promesses d'un retour au haut niveau. Actuellement plus en réussite, l'équipe féminine a été sacrée championne de France en 2004 et 2005, a remporté le challenge de France féminin 2006 et atteint la même année une demi-finale européenne.

FORMATION – Le niveau de qualification moyen de la population montpelliéraine est très supérieur à la moyenne nationale. Si la proportion de bacheliers est relativement similaire, Montpellier compte beaucoup moins de personnes sans diplôme (12,8 % contre 20 %). À l'inverse, un habitant en âge de travailler sur quatre fait encore des études, ce qui illustre la jeunesse de la population montpelliéraine et l'importance de la scolarisation universitaire. Enfin, un habitant sur sept a un niveau d'études supérieur à bac + 2, contre moins d'un sur dix dans ce cas sur l'ensemble de la France, signe de la concentration d'activités professionnelles à forte valeur ajoutée nécessitant une formation poussée.

POPULATION ÂGÉE DE 15 ANS ET PLUS EN FONCTION DU NIVEAU D'ÉTUDES

Niveau d'études (> 15 ans)	Montpellier	Moyenne nationale
Encore scolarisé	25,5 %	13,1 %
Sans diplôme	12,8 %	20 %
Niveau CEP	8,4 %	17,3 %
Niveau BEPC	7 %	8 %
Niveau CAP ou BEP	12,3 %	24,8 %
Niveau bac ou brevet professionnel	10,7 %	12,2 %
Niveau bac + 2	8,8 %	8,5 %
Niveau supérieur	14,5 %	9,1 %

Source : Insee, dernier recensement.

Le château de Flauguergues.

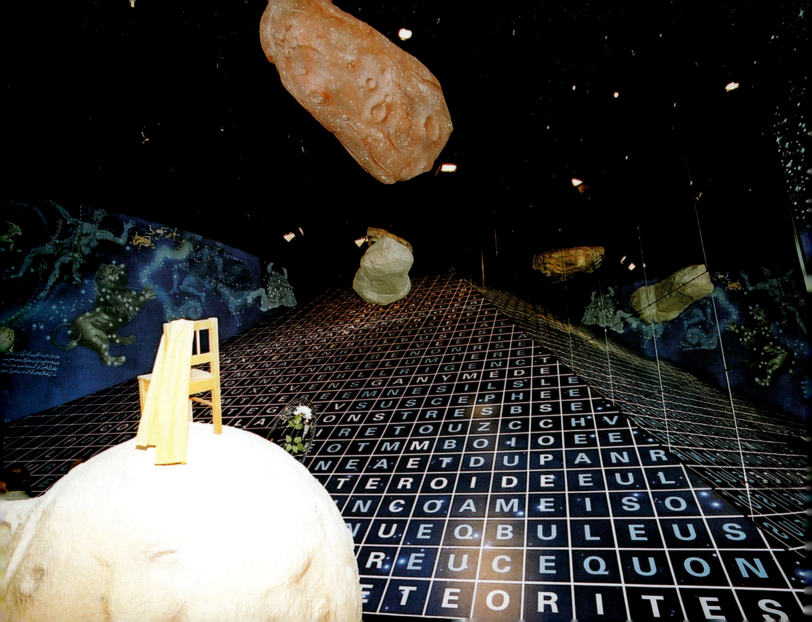

G

GALABRU, Michel (1924-) – Ancien élève du lycée Joffre (il passa son bac cinq fois), il reste marqué par son jeu exubérant dans plusieurs productions populaires (*La Guerre des boutons*, *Le Gendarme de Saint-Tropez*, *La Cage aux folles*). C'est oublier ses compositions dramatiques (*L'Été meurtrier*, *Uranus*) et sa carrière théâtrale, notamment qu'il fut sociétaire de la Comédie française avant de travailler pour le cinéma.

GALILÉE – Situé au cœur d'Odysseum, le planétarium Galilée est un théâtre des étoiles, lieu magique de vulgarisation de l'astronomie et des phénomènes célestes. L'écran semi-sphérique offre une vision à 360° et les effets sonores sont saisissants.

GARE SAINT-ROCH – La gare ferroviaire du centre-ville, avec son architecture originale aux allures de temple grec garni de huit colonnes, est au croisement des trois voies d'accès qui distribuent les itinéraires des Montpelliérains : au nord, la rue Maguelone mène à la place de la Comédie, à l'ouest, la rue de la République conduit aux boulevards enserrant l'Écusson et aux axes secondaires irriguant les quartiers périphériques, à l'est, les rues Jules Ferry et du pont de Lattes ouvrent la voie vers le littoral. La gare routière toute proche, le tramway et l'arrivée du TGV en font le cœur du réseau de transport de l'agglomération.

◀ *Planétarium Galilée.*

SQUARE PLANCHON

En face de la gare, il porte le nom d'un botaniste héraultais à qui l'on doit la découverte du phylloxéra et plusieurs remèdes pour le combattre. Le vigneron du monument qui lui est dédié porte le même visage que celui de la statue représentant saint Roch à l'angle des rue de la Vieille-Aiguillerie et du Pila-Saint-Gély. Il s'agirait en fait du visage de Frédéric Bazille, récemment disparu lorsque le sculpteur Baussan entreprit les deux œuvres, et à qui il aurait voulu rendre hommage.

GARRIGUE – Formation végétale d'arbrisseaux résistant à la sécheresse et formant des fourrés épineux, elle domine la végétation des massifs autour de Montpellier. Son nom vient du provençal *garriga*, qui désignait jadis le chêne kermès. L'extension de la périphérie urbaine grignote aujourd'hui la garrigue inexorablement. Elle constitue un foyer propice aux incendies estivaux, en partie prévenus par les nombreuses pistes taillées telles des cicatrices sur les collines environnantes.

GÉNÉRAL ALCAZAR – Il s'agit du pseudonyme du musicien Patrick Chenière, chanteur à textes et compagnon de route de Pascal Comelade. Il compte parmi les principaux animateurs de la scène musicale montpelliéraine.

Square Planchon. ▶

Statue des Trois Grâces.

GÉOGRAPHIE – Montpellier entre mer et montagne, mais ni sur l'une, ni au pied de l'autre. Jadis sur la mer, la ville est aujourd'hui à 10 km du littoral et à 80 km du mont Aigoual. Elle est construite sur deux collines, dont le point le plus élevé culmine à 57 m, à la place du Peyrou. Les travaux effectués à Antigone et les projets de Port Marianne tendent à rapprocher Montpellier du port de Lattes et de la mer. Aujourd'hui, la ville cherche à mettre en valeur ses cours d'eau, le Lez au sud-est et la Mosson au nord-ouest, qui traversent la commune et la relient aux terres environnantes.

GIRAL – Grande famille d'architectes montpelliérains. Antoine Giral et son fils Jean vont dominer la production architecturale pendant la première moitié du XVIIIe siècle, réalisant notamment le château de la Mosson. Le neveu du second, Jean Antoine Giral (1720-1787) est celui qui laissa l'empreinte la plus forte sur Montpellier : il aménage la promenade du Peyrou, édifiant notamment les escaliers en terrasse et le château d'eau en forme de temple hexagonal (1774), supervise la réfection de nombreux hôtels particuliers (Saint-Côme) et termine les travaux du château de la Mogère.

GRÂCES (Les trois) – Prévue pour orner la place de la Canourgue, la fontaine des Trois Grâces, sculptée en marbre de Carrare par Étienne d'Antoine en 1776, est finalement venue embellir la place de la Comédie et constitue le monument symbolisant peut-être le mieux Montpellier. Les trois jeunes filles – Euphrosine, Aglaé et Thalie, filles de Zeus –, enlacées sur un rocher de marbre, offrent leur nudité aux yeux des passants et se font les complices amusées des manifestants qui les ornent ponctuellement de drapeaux triviaux. Il s'agit d'une copie, l'original étant conservé dans le hall du théâtre de la Comédie à l'abri de la pollution.

GRAMMONT – Domaine fondé au XIIe siècle par les moines de l'ordre de Grandmont, dont les restes de la salle capitulaire font aujourd'hui office de salle de mariages. La municipalité a récemment pris possession de ce lieu vaste de 90 hectares et l'aménage pour le doter d'infrastructures culturelles (Zénith Sud, théâtre des Treize Vents, espace Rock), d'installations sportives (centre de formation du MHSC et parcours de santé), du centre horticole municipal, de l'école de journalisme, de la mare écologique ou encore du four solaire de Géfosat.

GRANDCŒUR – Une certaine conception de l'espace urbain à partager, à vivre, à inventer. Depuis 2002, l'opération GrandCœur entreprend la réalisation d'objectifs ambitieux : création de 1 500 logements pour habiter le centre-ville, promotion de nouveaux quartiers (Malbosc, Saint-Roch), revitalisation commerciale d'un tissu urbain parfois vétuste (boulevards Louis-Blanc et Pasteur, rue de la Méditerranée, faubourg du Courreau), embellissement de la ville, renforcement de la présence des services publics. La transformation de l'espace urbain vise un esprit de concertation avec ses habitants, objectif de la mission GrandCœur, 17 boulevard du Jeu-de-Paume.

GRÉCO, Juliette (1927-) – Née à Montpellier le 7 février 1927, elle est l'égérie du Saint-Germain-des-Prés d'après-guerre, interprète sensuelle d'un répertoire

Théâtre de Grammont. ▶

musical acide et désinvolte (*Si tu t'imagines*, *Jolie Môme*, *Déshabillez-moi*) et actrice au magnétisme troublant (*Elena et les hommes* de Renoir, *Belphégor* pour la télévision). On lui doit en partie la découverte de Serge Gainsbourg, Guy Béart et Léo Ferré.

GRÉS de MONTPELLIER – Parmi les vins labellisés AOC Coteaux du Languedoc, les Grés de Montpellier forment une appellation intermédiaire entre les crus historiques et le vin de table. Ils correspondant à une zone climatique homogène concernant 43 communes, dont 22 sont membres de l'agglomération montpelliéraine. Ensoleillement, influence marine, sols de galets et la combinaison de trois cépages principaux (grenache, mouvèdre et syrah) donnent des vins rouges et rosés aux arômes épicés et grillés. Depuis 2003, une route gastronomique permet de découvrir l'appellation.

GRISETTES – Petits bonbons ronds aux saveurs de miel et de réglisse. On raconte que, vers l'an 1100, les changeurs de monnaie concentrés autour de Notre-Dame-des-Tables utilisaient des grisettes pour faire l'appoint de leurs transactions.

GUILHEM – Guilhem Ier est le fondateur de Montpellier, mais c'est plus largement toute sa dynastie qui a permis le développement de la cité. Valeureux chevaliers et croisés fidèles, leur bravoure et leur dévouement servent d'image de marque pour la cité naissante. La dynastie est à son apogée sous Guilhem VII, lorsque le rayonnement commercial de Montpellier et de son port de Lattes arrive jusqu'en Orient. Guilhem VIII épouse la princesse byzantine Eudoxie, qui lui donne une fille, Marie, seule héritière

◀ *Les grisettes de Montpellier.*

légitime des Guilhem, qui épouse Pierre II d'Aragon et est portée au pouvoir par une conjuration bourgeoise. Ainsi prend fin la dynastie directe et masculine des seigneurs Guilhem, dont il ne reste plus dans la ville que quelques témoignages architecturaux (tours des Pins et de la Babotte), mais dont l'influence fut considérable sur l'essor de Montpellier.

H

HALLES CASTELLANE – Anciennes halles aux colonnes construites en 1806 sur les ruines de l'église Notre-Dame-des-Tables, elles sont réaménagées au milieu du XIXe siècle et dotées de squelettes métalliques, sur le modèle des pavillons de Victor Baltard à Paris. Elles sont inaugurées en 1859, et prennent le nom du général de Castellane, qui en avait posé la première pierre. Après de nombreuses modifications, seul le rez-de-chaussée conserve une vocation alimentaire avec ses étals de charcuterie et de fromages des Cévennes, le reste de l'édifice accueillant le magasin Virgin, halles culturelles en quelque sorte.

HANDBALL – Fer de lance des sports collectifs de la ville, Montpellier Handball, créé en 1982, domine ce sport depuis la fin des années 1990 : neuf fois champion de France (1995, 1998-2000, 2002-2006),

Les halles Castellane. ▶

L'hôtel de Plantade.

sept fois vainqueur de la Coupe de France (sans interruption depuis 1999) et vainqueur de la Ligue des champions en 2003. L'entraîneur Patrice Canayer dirige un collectif de joueurs presque tous internationaux, qui forme une des meilleures équipes européennes.

HANDICAP – L'intégration des personnes handicapées dans la vie de la cité nécessite une amélioration de leurs conditions de déplacement et de logement sur le territoire communal. La municipalité a renforcé l'accessibilité de l'espace urbain : aménagement du tramway pour les personnes en fauteuil roulant et les non-voyants, multiplication des places de stationnement réservées aux personnes handicapées et aménagement de la voirie communale.

HISTOIRE – Montpellier est résolument ancrée dans le présent, mais son prestigieux passé se rappelle au promeneur musardant dans le centre-ville. Le musée du vieux Montpellier, installé dans l'hôtel de Varennes, place Pétrarque, se consacre à en faire revivre les riches moments au travers d'objets, de meubles, de portraits des notables, de lithographies et de gravures anciennes de scènes de la vie quotidienne.

HÉLÈNE D'ITALIE (1873-1952) – Épouse du roi Victor Emmanuel III et reine d'Italie. Après le décès de son mari en 1950, elle vient s'établir à Montpellier et y séjourne dans la simplicité jusqu'à sa disparition. Elle repose au cimetière Saint-Lazare, où chaque 28 novembre une délégation de monarchistes italiens vient honorer la mémoire de leur reine le jour anniversaire de sa mort.

HÉLIOPOLIS – Pôle visant à faire de Montpellier le cœur d'une des premières régions touristiques d'Europe par le biais d'équipements d'envergure internationale : aéroport (Montpellier Méditerranée), festivals, salles de spectacles (Corum, Grammont), Port Marianne, etc. Héliopolis cherche à développer un tropisme des loisirs, dont les golfs de Massane et Fontcaude ou les futurs thermes du Lez constituent des expressions concrètes.

HÔPITAL de LESPINAZ – Fondé en 1091 aux portes de la ville, près de l'actuel musée Fabre, il serait le premier établissement hospitalier de Montpellier.

HÔPITAL SAINT-ÉLOI – Il fut fondé en 1183 par Robert Pellier, un laïc, ce qui est rare dans la médecine de l'époque, sur les pentes de l'actuelle rue de l'Université, à l'emplacement des bâtiments abritant aujourd'hui le rectorat. L'hôpital prend plus tard le patronyme religieux de Saint-Éloi et devient la plus grande infrastructure de soins de la ville. Son emplacement actuel au nord de la ville, près des campus universitaires, date de 1890 et du remodelage de la commune. Depuis sa restructuration, l'hôpital Saint-Éloi, alliance du progrès et de la tradition, est considéré comme la source de rayonnement du CHU de Montpellier.

HÔTELS PARTICULIERS – La fin des guerres de religion marque la reprise de la construction à Montpellier. Les juristes, médecins, notables enrichis au service du roi ou dans le commerce se font construire de riches demeures organisées autour d'une cour centrale. Les hôtels particuliers de Montpellier appartiennent à deux époques distinctes : le style gothique du XVIe siècle est surtout représenté dans les rues étroites

Place Pétrarque.

autour de Saint-Firmin et de Notre-Dame-des-Tables ; le style classique, d'Henri IV à la Révolution, caractérise les hôtels privés pour hauts fonctionnaires.

I

IBM – L'usine IBM Montpellier, installée sur le site de la Pompignane, a servi de tremplin pour le développement local des industries de pointe. Créée en 1964 avec une vocation industrielle, elle s'est depuis tournée vers la fabrication haut de gamme de serveurs d'entreprises et le recyclage des anciennes machines. IBM est un des premiers employeurs privés de la région avec 1 200 personnes, et a constitué un réseau de sous-traitants qui stimule tout le bassin d'emploi montpelliérain.

INDUSTRIE – Montpellier présente la particularité d'avoir fondé son développement technologique sans passer au préalable par l'étape de l'industrialisation lourde. Il en découle dans la ville une sous-représentation du secteur secondaire (industrie et construction) en nombre d'unités productives (un peu plus de 2 000 entreprises, dont 887 spécifiquement industrielles) et en quantité d'emplois offerts (10 000 salariés, un peu plus d'un cinquième des emplois industriels de l'Hérault et moins de 10 % des emplois présents dans la ville).

◀ *Le Lez.* *Berges du Lez.* ▶

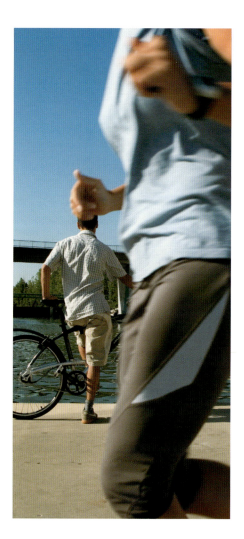

RÉPARTITION DES EMPLOIS DU SECTEUR SECONDAIRE DE LA VILLE DE MONTPELLIER

Emplois secondaires	Effectifs
Secteur industriel	6 844
Secteur de la construction	3 874
Total secondaire	10 718

Sources : CCI Montpellier et Insee, 2000.

INFORMATIQUE – Le secteur de l'informatique et des technologies de l'information est représenté à Montpellier et dans son proche environnement par des groupes de notoriété mondiale comme IBM, Dell Computer, Cap Gemini, France Télécom Mobiles Services ou Alsthom. De très nombreuses petites entreprises performantes ont également émergé des laboratoires de recherche et profité de la synergie des compétences pour assurer leur développement (Pixtech, fabricant d'écrans plats, Genesys, leader mondial des services de téléconférence, le centre de recherches Smarcode ou un atelier créatif d'Ubisoft, numéro un des jeux vidéo). Les secteurs de l'informatique et du multimédia représentent aujourd'hui 25 000 emplois à Montpellier et constituent le fer de lance de son développement économique.

INONDATIONS – Trois cours d'eau traversent Montpellier, chacun enserré de digues destinées à prévenir les inondations lorsque les pluies de demi-saison accélèrent leur débit de façon spectaculaire : d'ordinaire calme, le Lez peut connaître des crues subites, les *lézades*, dont les flots ont par exemple léché les marches du conseil régional en décembre 2002 ; les digues de la Mosson ont menacé de céder en 2002 et 2003 ; le canal Verdanson est largement couvert.

INTERMODALITÉ – Il s'agit des dispositifs de connexion entre les modes de transports voiture, bus, tramway et vélo. Aux arrêts Occitanie, Euromédecine et Odysseum du tramway, des parcs d'échange voiture/tramway permettent de réduire l'intensité du trafic automobile. Des pôles de correspondances facilitent également le croisement du tramway et des lignes de bus. Le tracé des pistes cyclables tient compte des lignes de transport en commun pour aménager des parkings à vélos.

INTERNET – Avec le dispositif Pégase, Montpellier s'est équipé d'un nouveau réseau de communication à haut débit, un système de transmission numérique performant destiné à faciliter l'accès à internet. De son côté, Montpellier Agglomération a passé une convention avec France Télécom qui en fait la première agglomération wifi de France : 85 points d'accès sont en cours d'installation sur les 31 communes de la communauté d'agglomération, équipant en priorité mairies, maisons d'insertion, salles de spectacles et équipements sportifs. Un projet d'accès internet pour les usagers du tramway est en cours d'étude.

Déplacements en ville. ▶

◀ Au jardin des Plantes. ▶

J

JACQUES le CONQUÉRANT (1208-1276) – Fils de Pierre II d'Aragon et de Marie de Montpellier, Jacques Iᵉʳ reçoit l'éducation des Templiers qui lui transmettent la vocation des croisades. En guerre contre les Albigeois, il part sur les ordres du pape rétablir la foi chrétienne, revient fort de conquêtes (Majorque, Minorque, Murcie et Valence) et contribue ainsi à la gloire de Montpellier. À sa mort, son royaume est morcelé et racheté par le roi de France Philippe VI de Valois, qui installe dans la ville un gouverneur. Sur une stèle apposée sur la tour des Pins, on peut lire un hommage en latin de la ville à Jacques le Conquérant.

JARDIN des PLANTES – À l'initiative de Henri IV, le jardin des Plantes est créé en 1593 par le médecin montpelliérain Pierre Richer de Belleval à des fins de recherches botaniques. Placé sur la pente nord de la colline du Peyrou, il présente de nombreuses variétés d'espèces végétales, cultivées à l'air libre et sous serres, étudiées des scientifiques et admirées des promeneurs. Les guerres de religion et le siège de 1622 détruisirent le jardin, n'épargnant que la montagne de Richer de Belleval, tertre en terrasses qui servit de modèle à la plupart des jardins européens. Bien que reconstruit, le jardin n'est plus que le reflet de son flamboyant passé, en raison notamment de difficultés chroniques de financement. Venez tout de même goûter à la quiétude de ce lieu, le plus ancien des jardins de France.

JARDIN des SENS – C'est la meilleure table de Montpellier, 18/20 et trois toques au Gault et Millau, trois étoiles au guide Michelin en 1998, deux aujourd'hui. Natifs d'Agde, les frères Pourcel font l'école hôtelière à Montpellier, s'éloignent pour parfaire leur art et reviennent ouvrir un restaurant en 1988. En dix ans, ils imposent leur cuisine parmi les meilleures de France et intègrent le club des *plus grandes tables du monde*. Ils diversifient aujourd'hui leur activité dans les caves à vin, les boutiques d'arts de la table, la brasserie de luxe et essaiment de Paris à Tokyo.

JEAN-JAURÈS – La place est l'épicentre de l'activité commerciale au Moyen Âge et aujourd'hui le point de ralliement de la jeunesse montpelliéraine. Située sur les fondements de l'église Notre-Dame-des-Tables, elle dissimule l'ancienne crypte de l'édifice religieux, qui accueille le musée de l'histoire de Montpellier. Espace de rencontre et de discussion, il est bon d'y musarder à la terrasse d'un café en contemplant le flot ininterrompu des badauds arpentant la rue de la Loge.

JOFFRE – Lycée impérial inauguré en 1804, il est situé dans le cadre prestigieux de la citadelle du XVIIᵉ siècle. Plus ancien lycée de la ville, il accueille 2 800 élèves de la sixième aux classes préparatoires et compte parmi ses anciens élèves Auguste Comte, André Gide, Paul Valéry, André Chamson et Georges Charpak. Il affiche à l'entrée une citation d'Auguste Comte comme

devise : « L'univers doit être étudié non pour lui-même mais pour l'homme. »

JOURNAUX – D'autres journaux que le *Midi libre* circulent à Montpellier. Certains émanent de la municipalité ou de l'agglomération et proposent des informations sur la vie quotidienne des Montpelliérains, d'autres sont privés et se distinguent par leur ligne et la fréquence de leur parution. Enfin, la ville fourmille de publications gratuites, fanzines et maintenant webzines, témoins de la vitalité journalistique de Montpellier.

PANORAMA DE LA PRESSE ÉCRITE MONTPELLIÉRAINE

Journaux municipaux

Montpellier notre ville : mensuel d'informations municipales et compte rendu de l'action et des projets municipaux. Gratuit.
Tip Top : trimestriel réalisé en collaboration et à destination des jeunes. Gratuit.
Vivement : trimestriel présentant les activités dédiées aux seniors et le calendrier des animations des clubs de loisirs de l'Âge d'or.

Presse quotidienne régionale

Midi libre : informations régionales et générales.
L'Hérault du jour – La Marseillaise : informations régionales et générales, proche du Parti communiste français.

Périodiques régionaux

La Croix du Midi : magazine d'informations chrétiennes. Hebdomadaire.

◀ Statue de Jean Jaurès.

La Gazette de Montpellier : magazine d'informations locales. Hebdomadaire.
La Gazette économique et culturelle : magazine d'informations culturelles, économiques et juridiques. Hebdomadaire.
Objectif Languedoc-Roussillon : magazine d'actualités régionales. Mensuel.
L'Hérault juridique et économique : informations juridiques, économiques et financières de l'Hérault. Hebdomadaire.
Le Journal de l'emploi : emploi et développement économique régional. Mensuel.
La Lettre M : lettre d'informations économiques. Hebdomadaire.

Gratuits

Art Vues : magazine culturel. Bimestriel.
Chicxulub : magazine d'information mutuel.
Coca' Zine : agenda de musique et spectacles du Grand Sud. Mensuel.
Dans l'air du temps : magazine des seniors.
En scènes : toute l'information culturelle du grand Montpellier.
Exit Magazine : sorties, loisirs, musique, cinéma à destination des 12-25 ans.
Focus Magazine : magazine chic et tendance, composé d'articles sur des artistes, musique, art, design, photo, mode… distribué dans plus de 300 points de diffusion ciblés.
Look City : magazine tendance, distribué dans certains lieux publics branchés. Interviews, news musicales et cinéma.
Montpellier plus : news urbain quotidien généraliste avec un fort contenu local.

L'Œuf à plat : magazine d'informations sur le cinéma, le théâtre, les concerts, les expositions, les restaurants, les boutiques. Mensuel.
Reg' art sur une saison : programme des saisons culturelles de Montpellier Agglomération.
Sortir à Montpellier : magazine de spectacles et de loisirs. Hebdomadaire.
Tempo 34 : l'agenda des seniors, on y trouve les spectacles, les thés dansants et des idées de balades sur l'agglomération de Montpellier.
Voxx : le magazine des musiques actuelles en Languedoc-Roussillon. Trimestriel.
ParuVendu : journal gratuit de petites annonces.

Source : www.montpellier.fr

JUIFS – La première mention de la présence des juifs à Montpellier remonte au testament de Guilhem V, en 1121, dans lequel il interdit à ses héritiers d'instituer des *bayles* juifs. Au Moyen Âge, les commerçants juifs ont pourtant soutenu l'essor économique de la ville et de nombreux avocats et médecins juifs ont contribué à sa réputation. Les ruines d'une synagogue et d'un *mikvé* (bain rituel) désignent l'emplacement du quartier juif, autour de la rue de la Barralerie. Ce n'était pas un ghetto parce que les juifs de Montpellier n'y étaient pas astreints à résidence et que des chrétiens y vivaient aussi. Au XVIe siècle, des réfugiés juifs espagnols, *les marrans*, s'installent également à Montpellier. Aujourd'hui la communauté juive montpelliéraine compte 1 300 familles, en majorité séfarades, disposant de lieux de culte (les synagogues Ben Zakai et Mazel Tov), d'un rabbinat et animant une riche vie culturelle autour de l'institut universitaire euro-méditerranéen Maïmonide, d'une radio locale (*Aviva*), d'une association culturelle israélite de Montpellier (Acim) et du festival du film juif et israélien.

LA JUIVE DU PAPE

Publié en 1995, ce roman historique de l'historienne Claude Mossé se déroule à Montpellier, au début du XIVe siècle. Il évoque la persécution des juifs montpelliérains, parqués dans le ghetto de la Carrière.

JUMELAGE – Montpellier est jumelée à Louisville, Kentucky, aux États-Unis depuis 1955, Heidelberg en Allemagne depuis 1961, Barcelone en Catalogne depuis 1963, Chengdu en Chine depuis 1981, Tibériade en Israël depuis 1983 et Fès au Maroc depuis 2003. L'université profite de ces partenariats pour organiser des programmes d'échanges entre étudiants.

JUSTICE – Dans le quartier Mosson-la Paillade (66, rue de Bari), à la maison Justice et Droit, des magistrats, policiers, éducateurs, travailleurs sociaux, avocats assurent une présence judiciaire. Ils répondent à la petite délinquance quotidienne par des actions de prévention, d'insertion et de réinsertion, proposent des mesures alternatives aux poursuites pénales, et tentent de régler les petits litiges civils (logement, consommation, surendettement...), en cherchant des solutions à l'amiable (une conciliation, une médiation).

Crypte Jean Jaurès. ▶

Faculté de médecine.

K

KIOSQUE BOSC – Sur l'esplanade, il porte le nom du chef d'orchestre directeur du bal Bullier pendant les années folles, qui invitait en été les vedettes de son temps dans sa résidence secondaire du Moulin bleu, à Castelnau, sur le Lez.

L

LACROIX, Christian (1951-) – Arlésien, il entreprend en 1969 des études de lettres à Montpellier, avant de se tourner vers la mode. Féru d'inspirations bigarrées et d'expériences nouvelles, il est un des plus grands couturiers contemporains.

LAPEYRONIE, François Gigot de (1678-1747) – Né à Montpellier, il est un des grands artisans du rapprochement entre médecine et chirurgie. Premier chirurgien du roi Louis XV en 1737 et fondateur de l'Académie de chirurgie de Paris, sa statue orne le côté gauche de l'entrée de la faculté de médecine de Montpellier et un centre hospitalier de la ville porte son nom. Par testament, il est à l'origine de la construction de l'hôtel Saint-Côme et de son amphithéâtre d'anatomie.

LATTES – Port fluvial de Montpellier au Moyen Âge, Lattes a profité du rapatriement des Français d'Algérie et du développement de Montpellier pour connaître un nouvel essor : plusieurs zones artisanales et commerciales ont été créées, le quartier de Maurin accueille le siège social du Crédit agricole du Midi et le port de plaisance a été réaménagé au sein du nouveau quartier de Port Ariane, pendant lattois de Port Marianne. Toutefois, des soucis urbains demeurent avec les risques d'inondation liés à l'implantation d'une partie des 17 500 habitants dans le lit du Lez et à proximité de la Mosson. La rive droite accueille la station d'épuration de la Céreirède et la décharge du Thôt devenue, avec l'accumulation de détritus, le point culminant de Lattes ; contraste saisissant avec, au sud, la réserve naturelle de l'étang du Méjean où l'on peut observer les oiseaux migrateurs.

LATTRE DE TASSIGNY, Jean-Marie de (1889-1952) – Ce n'est pas un hasard si l'allée qui porte son nom borde l'esplanade Charles de Gaulle : après la bataille de France, il commanda la 16e division à Montpellier jusqu'à l'invasion de la France libre. S'échappant de Riom où il est incarcéré, il parvient à rallier de Gaulle à Londres, puis à Alger. Artisan du débarquement de Provence, il dirige la 1re armée française sur Toulon et Marseille, remonte le Rhône, puis le Rhin, libère l'Alsace et entre en Allemagne. Il représente la France à la signature de l'armistice du 8 mai 1945. Maréchal de France à titre posthume.

LEPIC, Louis (1765-1827) – Onzième enfant d'une famille de vingt-deux, la misère le contraint à s'engager à 16 ans dans les Dragons. La Révolution et l'Empire lui donnent l'occasion d'une ascension spectaculaire, qu'il doit à son audace et sa bravoure sur les champs de bataille de la campagne d'Italie, d'Austerlitz, Eylau, Wagram, de la campagne de Russie, jusqu'à Waterloo. Fin stratège, il est à l'origine de l'utilisation militaire du cheval à des fins tactiques.

LE ROY-LADURIE, Emmanuel (1929-) – Sa carrière d'historien débute à l'université de Montpellier, où il enseigne et soutient son doctorat sur *Les Paysans de Languedoc*. Il est un des pionniers de l'analyse micro-historique, qui propose de délaisser l'étude des masses ou des classes pour s'intéresser aux individus, et de l'anthropologie historique, qui vise à saisir l'environnement social des hommes du passé. Avec *Montaillou, village occitan* (1975), il reconstitue la vie d'un village du Languedoc au temps des cathares. Ancien professeur au Collège de France et administrateur de la Bibliothèque nationale, il est membre de l'Institut.

LE SIÈCLE DES PLATTER

Félix et Thomas Platter, deux frères suisses étudiants en médecine à l'université de Montpellier, laissent un témoignage exceptionnel sur la vie locale et la société médicale de Montpellier au XVIe siècle. Emmanuel Le Roy-Ladurie a édité leurs notes de voyage en deux tomes chez Fayard.

LEZ – Fleuve côtier de 29 km qui coule dans l'Hérault de Saint-Clément-de-Rivière à Palavas-les-Flots, il traverse Montpellier en longeant la bordure est du centre-ville et la citadelle. Pendant l'Antiquité et le Moyen Âge, le Lez reliait Montpellier à la Méditerranée, mais l'ensablement des étangs, l'éloignement du rivage et la concurrence du port de Marseille détournèrent plus tard la ville de son activité maritime. Le cours du Lez est aujourd'hui remis en valeur à Antigone, au pied de l'hôtel de région, sur le campus Richter, jusqu'à Port Marianne. Il redevient un axe primordial du schéma d'organisation urbaine de Montpellier.

LOGE – La rue de la Loge accueillait jadis les orfèvres et les bijoutiers, mais doit son nom actuel à Jacques Cœur qui y fit édifier la « Grande Loge des marchands », bourse des marchandises et tribunal du commerce, dont une plaque à l'angle de la place Jean-Jaurès et de la rue de l'Aiguillerie rappelle le souvenir. Les loges furent ruinées par les guerres de religion, mais la rue en conserve le nom et retrouve de nos jours une intense activité commerciale. Si son architecture hésite entre modernisme et façades d'époque, elle reste un lieu intemporel de la vie montpelliéraine.

LOGEMENT – Montpellier abrite près de 70 % des logements de l'agglomération alors qu'elle ne concentre que 60 % des habitants de ce territoire. Ainsi la ville dispose-t-elle de relativement plus de logements qu'elle n'a d'habitants pour les occuper. Cette situation traduit deux caractéristiques de son parc de logements : premièrement, une part de résidences principales (87,4 %) inférieure à la moyenne de

Le Lez. ▶

◀ *Quartier Port Marianne.*

l'agglomération (89,1 %) – et donc une part de résidences secondaires plus importante (3 % contre 2,8 %) ; deuxièmement, une proportion relativement importante de logements vacants (9,6 % des habitations montpelliéraines ne sont pas occupées contre 8,1 % de logements vacants dans l'agglomération). Autre spécificité montpelliéraine, la prédominance de l'habitat locatif (64,7 % des logements, alors que plus d'un Français sur deux est propriétaire de son habitation), signe de la mobilité de la population.

LOGEMENT SOCIAL – Montpellier est l'une des seules villes de France à atteindre le quota des 20 % de logements sociaux imposé par la loi SRU. L'Office public d'aménagement et de construction de Montpellier (ACM) administre et entretient le parc immobilier de logement social de Montpellier. Il forme désormais le plus important bailleur social de la région Languedoc-Roussillon avec environ 50 000 habitants sur le territoire communautaire de Montpellier Agglomération qui bénéficie de ses services pour se loger.

LOUIS XIV – Fier et majestueux, il trône au milieu de l'esplanade royale du Peyrou. Sa statue arrive à Montpellier en 1718, après un terrible périple qui faillit la voir sombrer dans le port de Bordeaux. Elle est imposée sur volonté du roi afin d'asseoir la suprématie de la monarchie absolue dans une ville que les conflits religieux avait rendu hostile au souverain. Cette statue n'est toutefois pas l'originale, détruite à la Révolution, mais une version légèrement différente, édifiée à la Restauration.

LE VOYAGE TUMULTUEUX DE LOUIS XIV

« En 1685, les États du Languedoc commandent à Paris une statue du "Grand" roi Louis XIV. [...] Tout d'abord, les guerres retardent le départ de la statue. Le voyage commence en 1717 : il faut d'abord traîner ce monument de douze tonnes sur des rouleaux de bois jusqu'à la Seine où une péniche l'attend pour l'emporter au Havre. Après la Seine, la mer, sur une galiote (navire à fond plat) qui la conduit à Bordeaux. Là, les curieux venus admirer cet imposant cavalier en balade déstabilisent le bateau et... le roi tombe dans la Garonne ! On le repêche, non sans difficulté, pour le transporter jusqu'à Frontignan, par le canal du Midi récemment creusé. Mais les problèmes ne sont pas finis pour autant : les étangs ne sont pas assez profonds pour un tel poids, il faut donc creuser un chenal pour amener la statue jusqu'au Lez où elle débarque à port Juvénal et arrive enfin à destination, le 27 février 1718, trente-trois ans après avoir été commandée et... trois ans après la mort du roi. [...] À la révolution, elle sera renversée et fondue afin de récupérer le bronze pour faire des canons. La statue exposée aujourd'hui au Peyrou est donc une copie, deux fois plus petite que l'œuvre originale. »
Véronique Ferhmin, *Montpellier. Itinéraires insolites* (Midi Libre-Romain Pages éditions, 2004, p. 33).

LUMIÈRE – La lumière qui nimbe Montpellier constitue un premier choc pour le visiteur venu du nord. Avec 2 868 heures d'ensoleillement par an (mille de plus qu'à Paris) et en moyenne plus de sept heures de soleil par jour (une fois et demie de plus que la moyenne nationale), Montpellier est presque toujours baignée d'une lumière vive et euphorisante. Cet ensoleillement

Louis XIV surplombant l'esplanade royale du Peyrou. ▶

exceptionnel est largement dû à la tramontane, qui dégage le ciel de ses nuages, bien qu'on oublie ses vertus quand ses bourrasques emportent nos chapeaux !

M

MAGHREB – Répondant aux besoins de main-d'œuvre du bâtiment et de l'agriculture environnante, plusieurs vagues d'immigration en provenance d'Afrique du Nord sont venues apporter leur écot à la croissance démographique montpelliéraine. Les nouveaux venus ont puissamment transformé l'urbanité et la sociologie des grands ensembles du Petit Bard, la Paillade, les Cévennes ou Plan Cabane, initialement prévus pour loger les pieds-noirs. On estime aujourd'hui la population maghrébine à 27 000 habitants, dont 70 % d'origine marocaine. La ville a impulsé la création de trois mosquées pour sa communauté musulmane : Al Touba aux Beaux-Arts, Al Nord et Abd Noucida au Petit Bard, en attendant la future mosquée de la Paillade, Abu al-Whalïd ibn Ruchd – Averroès.

MAGUELONE – Maguelone est une ancienne cité gallo-romaine rasée par Charles Martel en 739 pour ne pas l'abandonner à la convoitise des Sarrasins. La cathédrale est le siège de l'évêché jusqu'en 1536, date du transfert épiscopal pour Montpellier. Cette étape marque le déclin de l'abbaye, qui subit de nombreuses destructions volontaires, par les chanoines, puis par Richelieu, afin de prévenir un probable retour protestant. Suite à son acquisition par Frédéric Fabrègues, la cathédrale est rendue au culte en 1875. Aujourd'hui, à 12 km de Montpellier, les promeneurs peuvent emprunter un circuit contournant la cathédrale par la plage et les étangs, déroulant leurs pas d'un paysage aride habité de flamants roses à une végétation épaisse et luxuriante.

MAIL – Variante ancestrale du golf très pratiquée aux XVIIIe et XIXe siècles. On se servait d'un petit maillet doté d'un long manche pour frapper une boule de bois. À Montpellier, les joueurs de mail se rencontraient près de l'hôpital Saint-Éloi.

MAIRIE de MONTPELLIER – Située à l'origine sur la place de la Canourgue, la mairie de Montpellier et ses services ont longtemps été mal logés et dispersés dans le centre historique. Le regroupement des activités municipales dans l'immense immeuble de verre à proximité du centre Polygone répondait à une nécessité. La croissance de la ville et l'extension urbaine vers le Lez proposent un défi inédit auquel répond la construction d'un nouveau bâtiment pour 2009. Conçu par Jean Nouvel et François Fontès, il prendra la forme d'un grand parallélépipède et sera situé au bord du Lez, dans l'axe de Port Marianne, entouré d'un parc public de 4 hectares. Sa réalisation s'inscrit dans une démarche de développement durable, un soin tout particulier étant apporté au choix des

◀ *Plan Cabane.*

Parvis de la nouvelle mairie. ▶

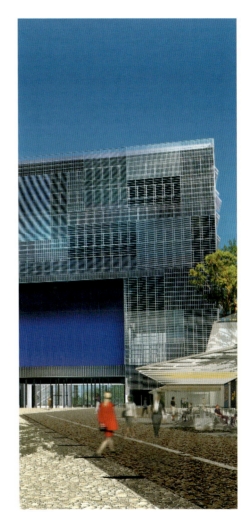

matériaux et des sources d'énergie, afin de respecter la qualité environnementale du site.

MAISON de HEIDELBERG – Elle doit son existence au jumelage qui lie les villes universitaires de Montpellier et Heidelberg. Inaugurée le 26 octobre 1966, elle propose un enseignement de la langue allemande, des programmes de manifestations culturelles (conférences, colloques, concerts, expositions, ciné-club), des échanges scientifiques entre universités et met à disposition du public une bibliothèque et une médiathèque allemandes. Elle est située 4, rue des Trésoriers-de-la-Bourse.
Voir : www.maison-de,-heidelberg.org

MAISONS POUR TOUS – Les Maisons pour tous sont des équipements municipaux incontournables contribuant au développement et au rayonnement de la vie sociale, culturelle, sportive et associative de Montpellier. Leur mission première concerne l'animation des quartiers de la ville par l'organisation de manifestations diverses. Par leurs activités, elles jouent également un rôle primordial d'expression, de proximité, de cohésion et de paix sociale.

MAISON MATTE – Située rue Hilaire-Ricard, sous l'esplanade du Peyrou, cette étrange maison, construite sous le Second Empire, se distingue de l'architecture locale par son patio central à l'espagnole, aux couleurs vives et chaleureuses. Elle fut rachetée par les propriétaires de la chocolaterie Matte, disparue aujourd'hui, dont le slogan publicitaire annonçait que « de Paris au Japon, du Japon jusqu'à Lattes, le meilleur chocolat c'est le chocolat Matte ».

◀ *Hôtel de ville de Montpellier.*

MALBOSC – Implanté à flanc de coteau entre le quartier Mosson et les nouvelles habitations de Malbosc, ce parc de 30 hectares offrira, au terme de sa réhabilitation, des jardins familiaux, une mise en valeur de la flore méditerranéenne, des oliveraies, amandaies, vergers et vignes, des belvédères boisés, un jardin des senteurs. Pied de nez à son passé – *Malbosc* signifie « mauvais bois » en occitan –, ce lieu sera un des principaux poumons verts de la ville.

MALET, Léo (1909-1996) – Cet autodidacte né à Montpellier débute une carrière de chansonnier dans le Montmartre des années folles, puis se tourne vers le groupe des poètes surréalistes. Ce sont pourtant ses romans policiers qui lui apporteront la célébrité. Construits pour la plupart autour du personnage de Nestor Burma, détective désabusé, ils rencontrent un grand succès populaire et critique. Malet a reçu de nombreux prix, notamment pour la série des *Nouveaux Mystères de Paris*. Ses récits survivent à sa mort par des adaptations à la télévision et en bandes dessinées (Tardi).

MALZIEU, Mathias (1974-) – Né à Montpellier, il est le chanteur du groupe de rock Dionysos, et également écrivain et réalisateur. Guitariste de formation, il se produisait adolescent dans les restaurants des stations balnéaires de Palavas-les-Flots et La Grande-Motte.

MANITAS de PLATA (1921-) – Les petites mains d'argent de Ricardo Baliardo l'ont élevé au firmament des guitaristes. Élevé dans le camp gitan des Barques, près du Lez à Montpellier, il est, très jeune, l'attraction principale du pèlerinage des Saintes-Maries-de-la-Mer, mais ne

Centre de loisirs Malbosc. ▶

devient célèbre que dix ans après la disparition de Django Reinhardt. Son succès, dans les années 1960-1970, et son abondante discographie ouvrent la voie à des musiciens gitans, comme les Gipsy Kings, dont trois membres de la formation initiale sont montpelliérains. Une allée, devant le Zénith, porte son nom.

MARATHON PHOTOGRAPHIQUE – Début juin, la ville organise une journée de folies photographiques dans les rues de Montpellier. Les participants de ce concours ouvert aux amateurs disposent de 24 heures pour effectuer 24 photos sur 24 thèmes. Des prix sont distribués aux photographes les plus convaincants et les photographies primées sont exposées.

MARCHÉS – Montpellier compte quatre grands marchés sur l'Esplanade-Comédie, aux Arceaux, au Plan Cabane et à la Mosson. Ce quartier offre également des puces réputées, un marché aux plants et une halle des Quatre Saisons. Le centre-ville abrite aussi les halles Castellane et sa trentaine de commerçants, les halles Jacques Cœur, qui proposent autant d'étals, les halles Laissac, qui réunissent une quarantaine de marchands et des marchés thématiques (paysan, aux fleurs, bouquinistes). Enfin, les marchés de Tastavin, du Plan des 4 Seigneurs, Saint-Clément, Antigone, Beaux-Arts ou Albert 1er, rythment la vie de quartier.

MARCHÉ de NOËL – Depuis 2002, la place de la Comédie accueille chaque hiver une cinquantaine de chalets exposant artisanat d'art, jouets, bijoux, chocolat, foie gras, vin, et proposant ateliers de maquillage et rencontres avec le père Noël pour les enfants, dégustation de vin et de produits du terroir pour les adultes. Le centre-ville baigne alors dans une atmosphère chaleureuse et conviviale, empreinte de la magie de Noël.

MARIE de MONTPELLIER (1182/83-1213) – Fille de Guilhem VIII et d'Eudoxie princesse de Byzance, elle est l'héritière de la seigneurie de Montpellier. Son père lui préfère comme successeur le fils illégitime qu'il a eu avec Agnès de Castille, Guilhem IX. Cependant, le pape Innocent III ne reconnaît pas cette union et une conjuration bourgeoise confie le pouvoir à Marie et à son époux, Pierre II d'Aragon, en échange de la charte de 1204. C'est la fin de l'influence des Guilhem sur Montpellier.

MÉDECINE – Les médecins juifs et arabes dispensaient leurs connaissances à Montpellier dès le XIe siècle, mais c'est par un édit de 1180 que Guilhem VIII en autorise l'enseignement et la pratique. Les premiers écrits de l'école de médecine datent de 1220 et font de l'établissement la plus ancienne faculté de médecine d'Europe. Jusqu'à la fin du XIIIe siècle, les professeurs dispensent un enseignement seulement théorique et se regroupent à Saint-Firmin et Notre-Dame-des-Tables. C'est au XIVe siècle que les premières dissections sont autorisées, bien que de semblables pratiques soient déjà conduites en secret. Installée depuis 1805 dans l'ancien monastère Saint-Benoît et Saint-Germain boulevard Henry-IV, la faculté investit aujourd'hui le pôle Euromédecine, au nord de la ville. 4 500 à 5 000 étudiants sont inscrits chaque année en médecine à Montpellier.

◀ *Quartier Malbosc.*

Le marché aux fleurs. ▶

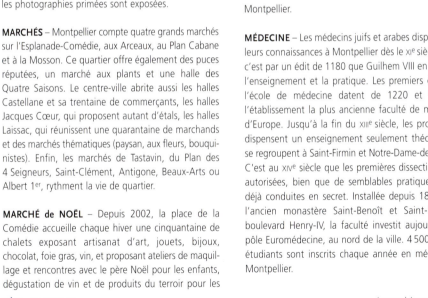

◀ Le mikvé, rue de la Barralerie.

MÉRIC – Au XIXe siècle, ce splendide domaine était la résidence d'été de la famille du peintre Frédéric Bazille. Il a maintes fois représenté le mas, l'orangerie, et les vues qu'on a d'ici sur le village de Castelnau. Le jardin anglais labyrinthique, les terrasses, vergers et jardins potagers, la forêt méditerranéenne forment un site paysager remarquable.

MICHEL, André (1853-1925) – Né à Montpellier, cet historien de l'art fut l'élève d'Hyppolite Taine et l'auteur de travaux sur François Boucher, Eugène Delacroix et d'une importante *Histoire de l'Art*, achevée par ses collaborateurs et publiée à titre posthume.

MIDI LIBRE – Fondé à la Libération, *Midi libre* impose dans les années 1950 un quasi-monopole sur la presse régionale. Contrôlé par le groupe *Le Monde* depuis 2000, *Midi Libre* annonce un tirage quotidien supérieur à 160 000 exemplaires. Il est édité par l'entreprise montpelliéraine *Les Journaux du Midi*, qui assure également l'édition de *l'Indépendant* et *Centre Presse*, pour un lectorat cumulé d'environ 920 000 personnes par jour.

MIKVÉ – Il s'agit d'une fontaine d'eau pure dans laquelle les juifs venaient se purifier au Moyen Âge. Localisé rue de la Barralerie, le bain du mikvé est profond de 1,5 m et date du XIIe siècle. L'eau est verte, car elle provient d'une nappe phréatique chargée en cuivre. Le lieu semble avoir été essentiellement fréquenté par les femmes, qui s'y rendaient après leurs règles ou un accouchement. Interdites de synagogue, elles pouvaient cependant entendre les prières grâce à une percée pratiquée dans le mur du déshabilloir.

MOGÈRE – Le château de la Mogère, demeure austère ouvrant sur un jardin à la française, est une folie de la campagne montpelliéraine, demeure bucolique d'aristocrates enrichis au service du roi. Bâtie par Jean Antoine Giral, son domaine s'orne d'une grande fontaine de style rocaille, présentant une décoration polychrome.

MONTMAUR – Le bois de Montmaur est l'un des lieux préférés des Montpelliérains pour s'échapper du stress urbain. Situé en face du parc zoologique, on y pratique le jogging et autres parcours sportifs.

MONTPELLIER ÂGE D'OR – Ce service de la ville constitue un moyen de lutte contre l'isolement, la maladie ou l'accident spécialement conçu pour les plus de 60 ans. Il propose une grande variété d'animations et des loisirs sportifs et culturels, comme par exemple les Olympiades des retraités. La carte Âge d'or est délivrée gratuitement par les services de la mairie.

MONTPELLIER GRANDCŒUR – Après avoir étendu la ville vers la mer, la priorité est aujourd'hui donnée au centre. Le projet urbain Montpellier GrandCœur vise à l'élargissement de l'Écusson aux rives du Lez. Il cherche la mise en valeur du patrimoine, l'aménagement de l'espace public et des infrastructures des quartiers Figuerolles, Gambetta et Clemenceau, Boutonnet et Beaux-Arts, les Aubes et Antigone. Les réalisations sont déjà en cours, avec par exemple la restructuration et l'extension du nouveau musée Fabre, ou à venir, avec la réhabilitation de la synagogue du XIIe siècle, près de la préfecture.

Domaine de Méric. ▶

MOSSON – La Mosson s'écoule le long de la limite occidentale de Montpellier. Elle prend source dans la garrigue de Montarnaud, traverse Vailhauquès, Combaillaux et Grabels, longe la Paillade, passe devant le château Bonnier de la Mosson, puis serpente entre les communes de Lavérune, Saint-Jean-de-Védas, Fabrègues et Villeneuve-lès-Maguelone avant de s'élargir à l'arrivée dans la plaine de Lattes. En temps normal et en été, la Mosson est un petit cours d'eau mais peut devenir très dangereuse par temps de fortes pluies.

MOULIN – La Grand'Rue était au Moyen Âge un axe de circulation traversant la ville du Pila Saint-Gély au chemin de Toulouse, qui se confondait avec le chemin des pèlerins pour Saint-Jacques-de-Compostelle. À l'époque chargée de commerces et d'auberges – la plus célèbre est le *Cygne blanc* –, elle conserve un caractère bourgeois, les travaux d'élargissement et de piétonisation rendant son commerce plus florissant encore. Elle fut rebaptisée du nom de Jean Moulin, le résistant natif de Béziers ayant vécu à Montpellier avant la guerre précisément au n° 21 de cette rue.

MUSÉE LANGUEDOCIEN – Dans l'un des plus beaux hôtels de Montpellier, tour à tour occupé et transformé par Jacques Cœur, les Trésoriers de France et la famille Lunaret, il abrite une collection d'art hétéroclite : objets préhistoriques, archéologie égyptienne et romaine, sculptures romanes, tapisseries flamandes, faïences de Montpellier, etc.

◀ *Musée archéologique languedocien.* ▶

N

NICOLLIN, Louis (1943-) – Il prend en 1977 la direction de l'entreprise familiale, dont il va considérablement développer l'activité jusqu'à se retrouver à la tête d'un immense groupe de nettoyage urbain, ramassage et retraitement des déchets ménagers et industriels. Il a enraciné son entreprise à Montpellier, obtenant un monopole d'action sur la ville, avant d'exporter son savoir-faire dans de nombreuses villes françaises, dans les DOM-TOM, en Belgique et au Maroc. Il a mis sa réussite financière au service de sa passion du sport, prenant la tête du football montpelliérain en 1974. Son nom semble durablement associé au sport dans le département, puisque ses fils Laurent et Olivier sont respectivement président délégué du MHSC et président du conseil d'administration de l'Association sportive Béziers Hérault.

NOGARET, Guillaume de (1260 ?-1313) – Juriste originaire du Languedoc, professeur de droit romain à l'université de Montpellier, il fut conseiller de Philippe IV le Bel, son garde des Sceaux, et, à partir de 1306, le véritable maître d'œuvre de la politique royale. Son influence se fait sentir dans le conflit entre la monarchie et la papauté, qui conduit à l'élection de Clément V et son installation en Avignon, et dans la décision de supprimer l'ordre du

Temple. Selon Maurice Druon, dans la saga des *Rois maudits*, il est victime des imprécations de Jacques de Molay, bien qu'il soit mort un an avant que le Grand Maître des Templiers ne profère sa malédiction sur le bûcher.

NOMBRE-D'OR (place) – La place du Nombre-d'Or est à la fois la clé de voûte et la référence du projet architectural pensé par Bofill. Entre rigueur mathématique des proportions et lyrisme monumental, elle est pensée autour d'un carré de 48 m de côté, qui sert de modèle aux places suivantes (Millénaire, Thessalie et Europe), toutes combinant le carré et le cercle en plan, mais dans une configuration toujours différente. D'allure austère, elle s'est ouverte vers le centre Polygone par les échelles de la ville (escaliers qui relient le niveau de la place de la Comédie et celui d'Antigone) et une arche, et s'est ornée d'une fontaine aux jets d'eau à contre-temps.

NOSTRADAMUS (1503-1566) – Michel de Nostredame pratiquait l'astrologie et reste célèbre pour ses prédictions, *les Centuries*. Inscrit à l'université de médecine de Montpellier, il en est exclu pour avoir été apothicaire, pratique manuelle interdite par les statuts de la faculté. Sa prophétie de la tour des Pins prédit la fin de la ville lorsque toute végétation aura cessé de pousser sur la dite tour.

NOTRE-DAME-DES-TABLES – Érigée à partir de 1154 sur les vestiges d'un ancien édifice religieux (Sainte-Marie), l'église prend le nom de Notre-Dame-des-Tables au XIIIᵉ siècle en raison des tables des changeurs de monnaies installés autour de l'édifice. Étape sur la

Station Odysseum. ▶

route de Saint-Jacques-de-Compostelle, les pèlerins venaient y adorer la *Majesta Antica* (vierge noire). Détruite en 1794, puis couverte de halles marchandes, ce n'est qu'en 1913 que des fouilles exhument la crypte originelle sous l'actuelle place Jean-Jaurès. Le musée de l'histoire de Montpellier est aujourd'hui établi en ce lieu, autour des fondements de l'église. Une autre église portant le même nom fut construite par les jésuites rue de l'Aiguillerie.

NOURRIT, Adolphe (1802-1839) – Né à Montpellier, il succède à son père en 1827 comme premier ténor de l'Opéra de Paris. Rompant avec le ton emphatique de la déclamation, il rend au récitatif une forme libre et dégagée qui lui vaut d'immenses succès. À partir de 1836, ses capacités lyriques s'amenuisent et son état mental s'aggrave. Il se suicide par défenestration.

O

Ô – Il s'agit d'un écrin, un magnifique parc situé à la périphérie nord de la ville, près du quartier Euromédecine et de l'hôtel du département. Ancienne propriété du comte de Saint-Priest, il y fit établir un jardin somptueux, dans le style de ceux de Versailles, où de nombreux jeux d'eau clapotent au cœur de la végétation (pins d'Alep, chênes verts, cyprès, buis). Le

Musée du Fougau. ▶

château d'Ô accueille plusieurs manifestations culturelles comme le Printemps des comédiens ou le Festival de Radio France et Montpellier-Languedoc-Roussillon.

OCCITAN – L'occitan ou langue d'oc est une langue romane caractérisée par la richesse et l'intercompréhension de ses dialectes. D'Espagne en Italie, son extension géographique fut très importante, mais il n'est plus aujourd'hui parlé que par 2 à 10 millions de personnes, particulièrement autour de Montpellier (les écoles occitanes touchent 10 % de la population scolarisée en Languedoc-Roussillon), et compris par peut-être 7 millions de personnes supplémentaires en France. En occitan, Montpellier s'écrit *Montpelhièr*.

LE MUSÉE DU FOUGAU

Le musée privé du Fougau (le foyer en langue d'oc) est administré par l'association Escolo dau Parage, dont le but est la promotion de la langue occitane. Il présente divers objets – poteries, vêtements, ustensiles quotidiens – qui font revivre le Languedoc d'antan. (Hôtel de Varennes, 2 place Pétrarque)

ODYSSEUM – Le projet Odysseum concourt au développement de la ville vers l'est. Il comporte un programme ludique autour du multiplexe Gaumont, la patinoire Végapolis, le planétarium Galilée, un bowling, un roller dôme, un karting, un palais des danses, un music hall, etc., et une partie commerciale dont l'implantation fait encore débat en raison du risque de déstabilisation de l'appareil marchand de l'aire montpelliéraine.

◀ Opéra Berlioz.

OPÉRA BERLIOZ – Siège de l'orchestre national philharmonique de Montpellier-Languedoc-Roussillon, l'opéra Berlioz (2 010 places) accueille au sein du Corum des spectacles de danse, de musique, des manifestations culturelles et participe aux festivals Montpellier Danse et Radio France.

OPÉRA COMÉDIE – Situé à l'extrémité ouest de la place à laquelle il donne son nom, il se caractérise par une architecture chargée de dorures, peintures murales, mosaïques et autres éléments décoratifs. Plusieurs fois incendié, sa forme actuelle lui fut donnée par Garnier à la fin du XIXe siècle. Les nombreuses figures allégoriques sculptées à l'intérieur sont remarquables : le plafond du foyer avec sa voie lactée, les trois coupoles de l'escalier illustrant le jour, la nuit et l'aurore ou la coupole de la salle représentant la ville de Montpellier couronnant les arts.

Opéra Comédie. ▶

P

PAGÉZY, David-Jules (1802-1882) – Riche propriétaire montpelliérain, maire de 1852 à 1869, il est l'instigateur des travaux urbains qui vont transformer la ville au XIXe siècle.

RÉNOVATION URBAINE ET BONAPARTISME ZÉLÉ

Napoléon III, en visite à Montpellier, aurait failli avoir un accident de calèche au détour d'une rue trop étroite. Le maire, Jules Pagézy, lui demandant avec anxiété les raisons de l'incident, il lui répondit avec calme et sang-froid : « Ce n'est rien Monsieur le maire, ce sont justes des rues à élargir. » Cette anecdote serait à l'origine de la décision municipale d'initier les grands travaux haussmanniens qui entreprirent l'aération de la vieille ville par le percement de nombreuses voies (rue Impériale, aujourd'hui rue Foch), mais aussi l'amélioration des égouts, de la distribution d'eau et de l'éclairage public.

PAILLADE – Montpellier a répondu aux problèmes de logement posés par l'expansion démographique des années 1960 en implantant une immense ZUP dans le domaine de la Paillade, au milieu des garrigues du nord de la ville. Les barres sont aujourd'hui inadaptées mais elles représentaient à l'époque un progrès important dans l'habitat. La réhabilitation et la restructuration du quartier sont à l'étude et l'effort de la ville pour lutter contre la marginalisation de ses habitants se traduit dans le tracé de la ligne n° 1 du tramway permettant à la population du quartier d'accéder facilement au centre-ville. L'absence d'incidents lors des violences urbaines de l'automne 2005 confirme le succès de cette politique.

PALAIS DE JUSTICE – Sa construction débute en 1840 sur les ruines de l'ancien palais des Guilhem et de la Cour des comptes, aides et finances. Son architecture imposante, avec ses escaliers à fort dénivelé et ses hautes colonnes, et son fronton allégorique, figurant « la justice protégeant l'innocence et dévoilant le crime », sont à l'image des jugements sans merci rendus à cette époque. Or, c'est précisément la cour d'appel que le bâtiment accueille aujourd'hui.

PALAVAS-LES-FLOTS – Cordon de dunes entre les étangs de l'Arnel et du Méjean, débouché du canal reliant le Lez à la mer, Palavas-les-Flots est la station balnéaire préférée des Montpelliérains. À l'origine village de pêcheurs fournissant les halles Castellane, il est popularisé au XXe siècle par la mode des bains de mer et les croquis d'Albert Dubout sur son train d'intérêt local mis en service en 1872. L'activité économique de la commune tourne aujourd'hui presque exclusivement autour du tourisme.

PARCS D'ACTIVITÉS – Montpellier est encadrée par 17 parcs d'activités qui regroupent plus de 1 500 entreprises qui emploient 300 000 personnes. Ces parcs sont spécialisés pour répondre aux besoins des entreprises en fonction de leur activité. En deux ans, 474 projets de création d'entreprises ont été présentés dont 103 sont déjà concrétisés, pour un volume global de 3 000 emplois. Les parcs de l'aéroport Eurêka et Garosud sont ceux qui ont connu le développement le plus important en 2005.

PAUME – Le jeu de paume, où l'on se renvoie une balle avec une sorte de raquette, se jouait dans les salles mal fréquentées des rues Urbain-V, du Bras-de-Fer, des Étuves et boulevard du Jeu-de-Paume bien sûr. Ces salles accueillaient aussi jusqu'au XVIIIe siècle des représentations théâtrales et des concerts. Elles ont récemment été rénovées.

PELLICIER, Guillaume (1490-1568) – Né à Melgueil, évêque de Maguelone, il avait la confiance de François Ier, qui lui confia plusieurs missions diplomatiques. En 1536, il obtient le transfert de son évêché à Montpellier. Inquiété pour sa tolérance à l'égard des réformés, il fit preuve d'une grande sévérité à la fin de son épiscopat, contribuant à attiser les braises fumantes des guerres de religion qui allaient bientôt enflammer à nouveau la ville.

PÉNITENTS – Les pénitents sont un ordre de catholiques laïcs pratiquant la prière, la charité et une vie ascétique. À Montpellier, ils s'occupaient aussi au Moyen Âge de l'entretien des croix de la ville. Les confréries se distinguaient par la couleur de leur robe et se réunissaient dans différents lieux de culte : les pénitents bleus, qui comptèrent jusqu'à 900 membres dans la ville, se retrouvaient dans l'église de l'étroite rue des Étuves portant leur nom ; les pénitents blancs

Joutes à Palavas-les-Flots. ▶

se rendaient dans l'ancienne chapelle Sainte-Foy, rue Jacques-Cœur.

PESTE – En 1347, un navire en provenance d'Asie accoste en Italie ; à son bord les marins sont atteints d'une terrible maladie qui se propage à une vitesse fulgurante. La peste va toucher tous les pays d'Europe et, en France, un tiers de la population, cinq millions de personnes, disparaît en quelques mois. « Montpellier est particulièrement touchée : sur les douze consuls de la ville, neuf succombent à l'épidémie ; au couvent des frères prêcheurs, sept seulement survivent et un seul docteur à l'école de médecine. En 1361, un autre épidémie de peste sera également meurtrière. »
D'après Véronique Ferhmin, *Montpellier. Itinéraires insolites* (Midi Libre-Romain Pages éditions, 2004).

PETIT BARD – Copropriété privée de 860 appartements, le Petit Bard donne son nom à un quartier de l'ouest montpelliérain. Vaste barre de logements bon marché construits dans l'urgence du rapatriement des Français d'Algérie, elle est devenue la destination privilégiée des familles immigrées les plus modestes. La faillite du syndic et la dégradation des conditions d'habitat ont conduit les habitants à exprimer leur colère en juin 2004 après le décès d'un homme dans un incendie dû à la vétusté des installations électriques. Les travaux de réhabilitation du quartier ont été entrepris dans le cadre du projet de rénovation urbaine initié par la mairie.

PÉTRARQUE – Une immense salle voûtée porte le nom du poète italien, sur la place du même nom. Rare vestige de l'architecture médiévale à Montpellier, ses magnifiques voûtes d'ogives, parfaitement conservées et entretenues, surplombaient certainement le sol d'un magasin de marchandises.

PEYROU – C'est un des lieux emblématiques de Montpellier : place royale de pierre (*peyrou*) créée par Giral à la fin du XVIIe siècle en l'honneur de Louis XIV, dont la statue sur son cheval domine la ville du regard. À 57 m de hauteur, la promenade du Peyrou est le point le plus élevé de Montpellier : une servitude d'urbanisme interdisait toute construction pouvant dépasser la statue du roi. Aujourd'hui on y domine Montpellier, la vue portant jusqu'au pic Saint-Loup. La place ouvre sur des jardins et un château d'eau, et a été décrite par Madame de Staël comme un des plus beaux endroits du monde.

PHARMACEUTIQUE – Au Moyen Âge ce sont les *espiciadors* ou marchands d'épices qui exercent la fonction d'apothicaire. Les préparations, médicaments et pommades sont conservés dans des pots à pharmacie fabriqués à Montpellier. Cette faïencerie est extrêmement prospère du XVIe siècle jusqu'à la fin de l'Ancien Régime et emploie de nombreux ouvriers. Aujourd'hui l'apothicairerie de la miséricorde, située dans l'ancien hôtel des monnaies, conserve certaines pièces marquantes des débuts de l'industrie pharmaceutique.

MUSÉE DE LA PHARMACIE
Seul musée de pharmacie en France de cette importance, qui plus est sur un site universitaire, il assure depuis 1972 la sauvegarde du patrimoine pharmaceutique et la mémoire de la profession. Il retrace son

◀ *Salle Pétrarque.*

Place royale du Peyrou. ▶

histoire et expose bocaux, armoires à médicaments, appareils à fabriquer des cachets, microscopes et autres objets insolites, ainsi que des manuscrits anciens.

PHILIPPIDES – Équipé pour recevoir des manifestations internationales, le stade Philippides a déjà accueilli des meetings internationaux, le marathon international de Montpellier, les championnats de France universitaires et sert de base d'entraînement aux athlètes de la région ainsi qu'aux sprinters de l'équipe de France et aux décathloniens et heptathloniennes.

PIERRE – Les constructions des hôtels particuliers et des monuments de Montpellier sont réalisées en pierres de taille provenant des carrières autour de la ville : les pierres de Vendargues, grises et solides, sont utilisées pour les fondations ; les escaliers sont élaborés avec la pierre calcaire coquillier de couleur roussâtre de Celleneuve ; la pierre de Saint-Geniès de Mourgues, blanche et fine, permet la réalisation des sculptures ornant façade et cour intérieure ; enfin, la pierre dorée et fine de Pignan, Saint-Jean-de-Védas ou Castriès se retrouve partout dans l'architecture montpelliéraine.

PIERRE II D'ARAGON, dit *le Catholique* (1174 / 77-1213) – Roi d'Aragon, comte de Barcelone et marquis de Provence, vassal du pape jurant de défendre la foi catholique – d'où son surnom –, il épouse Marie de Montpellier pour s'attacher son territoire. Il s'en sépare rapidement, bien qu'un fils légitime découle de cette union, Jacques le Conquérant. Il trouve la mort dans la croisade contre les Albigeois.

◂ *Musée de la Pharmacie.*

PIÉTONISATION – La politique municipale de réduction du nombre et de la taille des chaussées routières ou des emplacements gratuits de parking occasionne des embouteillages fréquents pour les récalcitrants à la marche et aux transports en commun. En dépit des mécontentements, la municipalité s'est engagée à faire reculer la pollution routière pour améliorer le cadre de vie des Montpelliérains. Ainsi, depuis l'été 2004, la quasi-totalité du centre historique est rendue aux piétons.

PILA SAINT-GÉLY – Ancien quartier de la ville situé entre l'actuel palais des congrès et les quais du Verdanson, il abrite une fontaine qui, dès le XIe siècle, servait aux pèlerins désireux d'étancher leur soif. La légende raconte que saint Roch, à son retour d'Italie, est venu mourir ici, dans l'indifférence générale de ses concitoyens. Des fouilles au début 2006 ont pu mettre à jour les fondations de certaines habitations, mais les pelleteuses sont vite réapparues pour engager des projets immobiliers.

PINS – Sur l'actuel boulevard Henri-IV en face du jardin des Plantes, la tour des Pins est l'un des deux derniers vestiges médiévaux de la commune clôture (enceinte urbaine). Nostradamus, alors étudiant à Montpellier, prophétisa la destruction de la ville le jour où il n'y aurait plus d'arbre sur la tour. Ainsi, lorsqu'il s'agit de retirer les pins qui ont poussé au sommet de la tour pendant des siècles parce que leurs racines dégradaient la maçonnerie, ils furent remplacés par des cyprès pour ne pas prendre de risque avec la prédiction. Sur la façade, une immense plaque de marbre rend l'hommage de la ville à Jacques le Conquérant.

Tour des Pins. ▸

PISCINE OLYMPIQUE – Au cœur d'Antigone, cette piscine aux allures de paquebot parachève l'immense projet imaginé par l'architecte Ricardo Bofill. Sa structure composée de grandes baies vitrées offre une luminosité exceptionnelle donnant l'illusion de nager en extérieur et son bassin central de 50 m accueille des compétitions nationales et internationales.

PITOT de LAUNAY (1695-1771) – Ingénieur et physicien gardois, il construisit l'aqueduc Saint-Clément, et fut directeur du canal du Midi et membre de l'Académie des sciences. Il fut également maître d'œuvre du pont du Gard.

PLACENTIN (?-1192) – Jurisconsulte de Bologne en Italie, il vient enseigner, vers 1160, le droit canon et le droit romain dans les écoles de Montpellier. Sa *Somma Codicis* est une œuvre importante et primordiale dans l'évolution du droit.

POLAR – Pour décor de ses histoires Marc Sich, journaliste à *Paris Match*, choisit les lieux interlopes et anxiogènes de Montpellier, ses parkings, ses tunnels, mais surtout les gouffres ténébreux de l'arrière-pays, la garrigue frissonnant au vent, les contreforts des Cévennes. En deux romans, *Mortels Abîmes* en 1999 et *Le Pavillon du mal* en 2000, il confronte son héroïne, Victoire Camin-Ferrat, patronne du SRPJ de Montpellier, à un tueur en série qui s'inspire de légendes régionales et de mythes sacrilèges.

POLYGONE / TRIANGLE – Occupant d'anciens terrains militaires, le quartier Polygone/Triangle est entrepris dès 1970. Il regroupe un centre commercial de 4 000 m²,

La piscine olympique. ▶

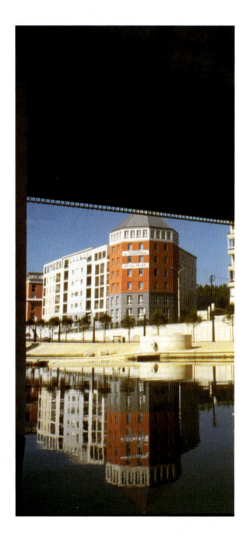

des bureaux, hôtels et administrations, dont la direction générale des administrations et le bâtiment de la mairie. L'infrastructure du Triangle, en forme de tour-escalier, fait le lien entre la Comédie et le centre commercial et abrite la librairie Sauramps. Le Polygone, principal centre commercial du centre-ville, attire une foule impressionnante et sert de plate-forme de transit sur l'axe Comédie-Antigone.

PONGE, Francis (1899-1988) – Jean-Paul Sartre considérait ce Montpelliérain de naissance comme le poète de l'existentialisme. Ponge cisela une poésie ontologique, dressant en prose des comptes rendus minutieux et dépouillés du coquillage, de la bougie, de l'orange, de l'escargot ou du papillon. Révélateur du pré-texte – dans tous les sens du terme –, il dévoile les brouillons et les retouches de la littérature, préfigurant le nouveau roman.

PORT JUVÉNAL – Ancien port créé au XVIIIe siècle sur le Lez alors navigable, pour rejoindre celui de Lattes et la Méditerranée. À l'instar du port de Sète mis en place à la même époque, il a permis le développement du négoce et de l'exportation de toute la région.

PORT MARIANNE – Le projet de rapprocher Montpellier du Lez, puis de la mer, se concrétise avec l'établissement du quartier Port Marianne. Pour l'automobiliste tout juste sorti de l'autoroute, Montpellier se dévoile de prime abord par l'hôtel de région et son immense jet d'eau au milieu du fleuve. De nombreux logements de standing, ainsi que la faculté de sciences économiques et sociales, à laquelle est couplée la bibliothèque universitaire de Richter, habillent le quartier de somptueux atours. L'établissement prévu d'un port de plaisance sur le Lez renvoie à la volonté de ressourcer Montpellier dans son histoire, de rejoindre la mer avec Port Marianne et (re)devenir une capitale méditerranéenne.

PARC MARIANNE
Le parc Marianne est un espace vert de plus de 10 ha, qui sera élaboré dans sa version définitive en terrasses, prairies et bosquets, et adjoint d'un bassin de rétention d'eau. Il est intégré au schéma d'aménagement d'ensemble des quartiers Jacques Cœur et Odysseum.

PRINTEMPS DES COMÉDIENS – Le Printemps des comédiens a été créé à Montpellier en 1987. Chaque année, en juin, il accueille, dans le parc du château d'Ô, 20 à 25 spectacles vivants et plus de 45 000 visiteurs, ce qui en fait l'une des plus importantes manifestations théâtrales après le festival d'Avignon.

PROTESTANTS – La communauté protestante était majoritaire au Moyen Âge à Montpellier. Médecins, avocats, commerçants, tous bourgeois pour la plupart, adhéraient à ce courant religieux et détenaient les clés de la cité. De nombreux conflits éclatèrent avec les catholiques et plusieurs églises furent rasées en représailles. La volonté royale de reprendre les places fortes protestantes de France conduisit au siège de Montpellier, qui céda par une trêve le 12 octobre 1662. Le duc de Rohan, chef de file des protestants montpelliérains, ouvrit les portes de la cité à Louis XIII. La construction de la citadelle constituait une menace latente pour les protestants, dont le culte commença

◀ *Port Marianne sur le Lez.*

La piscine olympique. ▶

alors à reculer. En 1685, année de la révocation de l'édit de Nantes, Montpellier renonce à l'hérésie de Calvin et embrasse tous les dogmes de la religion catholique.

PUCES – Le marché aux puces de la Paillade se tient tous les dimanches matin, jusqu'à 13 heures, sur le parking du stade de la Mosson. Il fait le bonheur des brocanteurs et des chineurs amateurs, d'autant que son accès est aujourd'hui facilité par le tramway.

Le marché aux puces de la Mosson. ▶

Q

QUARTIERS – Depuis 2001, la commune de Montpellier est divisée en sept quartiers « officiels », eux-mêmes divisés en sous-quartiers. Chacun est doté d'un conseil de quartier et d'un adjoint au maire délégué.

QUARTIERS ET SOUS-QUARTIERS

Montpellier-centre: Écusson, Comédie, Gares, Faubourg Boutonnet, Saint-Charles, Faubourg Saint-Jaume, Peyrou, Les Arceaux, Faubourg du Courreau, Gambetta, Clemenceau, Méditerranée, Boulevard de Strasbourg, Polygone, Antigone, Nouveau-Monde, Parc à Ballons, Les Aubes, Les Beaux-Arts, Saint-Lazare.

Croix d'Argent: Avenue de Toulouse, Croix d'Argent, Mas Drevon, Testavin, Lemasson, Garosud, Mas des Bagnières, Mas Nouguier, Les Sabines, Lepic, Pas du Loup, Estanove, Val-de-Crozes, Bagatelle.

Les Cévennes: Les Cévennes, Alco, Le Petit Bard, Pergola, Saint-Clément, Clémentville, Las Rebès, La Chamberte, La Martelle, Montpellier-Village, Les Grisettes, Les Grèzes.

Mosson: La Mosson, Celleneuve, La Paillade, Les Hauts de-Massane, Le Grand-Mail, Les Tritons.

Hôpitaux-Facultés: Malbosc, Saint-Priest, Euromédecine, Zolad, Plan des 4 Seigneurs, Hôpitaux, IUT, Père Soulas, Universités, Vert-Bois, Hauts de Boutonnet, Aiguelongue, Justice, Zoo, Agropolis.

Port Marianne : La Pompignane, Richter, Millénaire, Jacques Cœur, Consuls de Mer, Grammont, Odysseum, Montaubérou, La Méjanelle, La Mogère.

Prés d'Arènes : Les Prés d'Arènes, Avenue de Palavas, La Rauze, Tournezy, Saint-Martin, Les Aiguerelles, Cité Mion.

QUARTIERS LIBRES – Créée en 2004 par la ville de Montpellier, cette manifestation puise dans les valeurs de fête populaire l'énergie pour valoriser les arts montpelliérains. Fin septembre, Montpellier quARTiers libres encadre des dizaines de spectacles, expositions et concerts mettant en valeur les sept quartiers de la ville.

R

RABELAIS, François (1483 ou 1494-1553) – Médecin et écrivain, père littéraire de *Pantagruel* et *Gargantua*, admirateur d'Érasme et de la pensée antique, esprit moderne, farceur et irrévérencieux, Rabelais est l'un des humanistes les plus connus de la Renaissance. En 1530, il s'inscrit à la faculté de médecine de Montpellier, où il est reçu bachelier, donne des cours sur Hippocrate et Galien et se lie d'amitié avec Guillaume Rondelet. Les étudiants en médecine portent aujourd'hui une copie de sa robe rouge lorsqu'ils soutiennent leur thèse dans la salle des actes de la faculté.

RADIO CLAPAS – Tirant son nom de l'occitan *clapas* signifiant tas de pierres et par extension mont pelé, donc Montpellier, elle est l'une des plus anciennes radios locales en activité. Fondée en mars 1978, clandestine jusqu'à l'autorisation des radios libres, elle a conservé sa forme associative et émet sur 93.5 FM.

RADIO FRANCE – Avec plus de 100 000 spectateurs chaque année, le Festival de Radio France et Montpellier-Languedoc-Roussillon est un événement musical international fortement ancré dans le tissu urbain de la ville : si les opéras Berlioz et Comédie accueillent les grandes soirées lyriques et symphoniques, de nombreux lieux dans la ville résonnent des expériences musicales du festival et organisent leurs propres concerts.

RECHERCHE – Depuis une trentaine d'années, Montpellier s'est tournée vers les industries de hautes technologies. L'étroite relation établie entre l'université et les laboratoires privés et publics crée une synergie hissant le pôle scientifique montpelliérain parmi les plus efficaces et les plus dynamiques d'Europe. Montpellier dispose ainsi de 120 laboratoires de recherche dans les sciences de la vie.

LES CENTRES DE RECHERCHE MONTPELLIÉRAINS

Agropolis : pôle international de recherche et d'enseignement supérieur agronomiques Montpellier-France ; www.agropolis.fr

Cemagref Montpellier : recherche pour l'ingénierie de l'agriculture et de l'environnement ; www.montpellier.cemagref.fr

Cines : Centre informatique national de l'enseignement supérieur ; www.cines.fr

Spectacle symphonique à l'opéra Berlioz. ▶

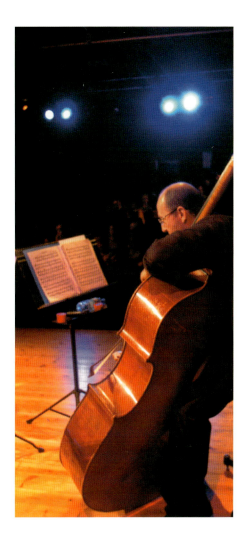

Cirad : organisme scientifique français spécialisé en agronomie tropicale ; www.cirad.fr
Cnearc : Centre national d'études agronomiques des régions chaudes ; www.cnearc.fr
CNRS Languedoc-Roussillon : Centre national de la recherche scientifique en Languedoc-Roussillon ; www.dr13.cnrs.fr
Geospace Hérault : www.geospace-online.com
IAMM : Institut agronomique méditerranéen de Montpellier ; www.iamm.fr
Inra Montpellier : Institut national de la recherche agronomique de Montpellier ; www.montpellier.inra.fr
Inserm Languedoc-Roussillon : Institut national de la santé et de la recherche médicale ; www.montp.inserm.fr
IRD Montpellier : Institut de recherche pour le développement ; www.mpl.ird.fr
Isteem Montpellier : Institut des sciences de la terre, de l'eau et de l'espace de Montpellier ; www.dstu.univ-montp2.fr
Lirmm Montpellier : Laboratoire d'informatique, de robotique et de microélectronique de Montpellier ; www.lirmm.fr

RECTORAT – Situé dans les anciens locaux de l'hôpital Saint-Éloi fondé au XIIe siècle, le rectorat de l'académie de Montpellier se compose de plusieurs bâtiments entourant un magnifique cloître, caché par une immense façade, rue de l'université.

RÉFUGIÉS D'ALGÉRIE – Dans les années 1960, l'arrivée des Français d'Algérie et leur intégration dans le tissu commercial montpelliérain se sont traduites par l'ouverture de nombreux magasins et restaurants en centre-ville, qui vont contribuer à répondre à la hausse de la consommation liée à l'accroissement de la population urbaine. Elle va aussi transformer le paysage de la ville avec, au nord, dans les quartiers de la Paillade et du Petit Bard, la construction d'immeubles d'habitations à loyer modéré (HLM), barres immenses et verticales destinées à loger les 30 000 pieds-noirs et harkis rapatriés d'Algérie.

RENAUDOT, Théophraste (1586-1653) – Ce médecin montpelliérain est surtout connu pour ses activités journalistiques – fondateur du premier quotidien français, *La Gazette* (30 mai 1631) – et philanthropiques, qui lui valent de donner son nom à un célèbre prix littéraire.

RENÉ BOUGNOL – Palais des sports de 2 500 places, il accueille principalement les exploits du Montpellier Handball (champions de France et d'Europe), mais comprend aussi une salle de danse et deux salles de judo. Il a été le cadre de grandes manifestations comme le championnat du monde de volley et la coupe Davis, la rencontre internationale France-Japon de karaté, le championnat d'Europe de boxe française, plusieurs championnats de France de GRS, de twirling bâton, des tournois internationaux de tennis de table, etc.

RENOUVIER, Charles (1815-1903) – Philosophe français natif de Montpellier, il est le fondateur de *L'Année philosophique* (1868) et le promoteur en France du retour au criticisme kantien. À travers ses ouvrages – *Essais de critique générale* (1851-1864) et *La Science de la morale* (1869) –, il élabore un système où la liberté est élevée au rang de notion fondamentale et de fondement de la vie intellectuelle et morale de la personne.

◀ Palais des sports René Bougnol.

Combat de boxe au palais des sports. ▶

RÉNOVATION URBAINE – La ville a déposé en juillet 2004 un dossier auprès de l'Agence nationale pour la rénovation urbaine (Anru) concernant trois quartiers en difficulté : le Petit Bard aux Cévennes, le quartier de la Mosson et le secteur Gély-Figuerolles dans le quartier Montpellier centre. Dans ces secteurs vivent aujourd'hui 20 % de la population de la ville. Le coût total des projets est estimé à plus de 260 millions d'euros, couvrant les démolitions, les (re)constructions, l'amélioration du cadre de vie, les nouveaux équipements, la redynamisation de l'activité économique et le suivi des familles. Voir : www.montpellier.fr

RICHE – Sur la place de la Comédie, ce café du xixe siècle est une icône montpelliéraine. Avec sa terrasse couverte et ses grands portiques en fer forgé, il est le lieu de prédilection des bourgeois fortunés de la fin du xixe siècle qui s'y pressent pour y être vus. Entièrement rénové, il reste un haut lieu du centre-ville.

RICHER de BELLEVAL, Pierre (1564-1632) – Professeur d'anatomie et de botanique à l'université de Montpellier, il reçoit d'Henri IV en 1593 la charge de créer dans la ville un jardin botanique. Les guerres de religion et le siège de Montpellier en 1622 ravagent son jardin, qu'il restaure sur ses fonds propres. Médecin de deux rois et chercheur renommé, il est un des plus fins connaisseurs des plantes de son temps.

ENCYCLOPÉDIE BOTANIQUE DE LA FLORE DU LANGUEDOC

Déjà auteur de *Recherches des plantes du Languedoc*, Richer de Belleval formait le projet de réaliser une grande flore de la région et fit réaliser à cet effet 500 gravures sur cuivre accompagnées de textes décrivant diverses espèces végétales. Il meurt avant d'en avoir assuré l'édition et ses héritiers se désintéressent de ce projet fort coûteux. Les plaques s'éparpillent chez les libraires de Montpellier. Le botaniste Jean-Emmanuel Gilibert en retrouvera une partie qu'il publiera en modifiant considérablement le texte de Richer de Belleval. Aujourd'hui, presque toutes les plaques originales ont été retrouvées et sont conservées par l'Institut de botanique de Montpellier.

RINÔÇÉRÔSE – Rinôçérôse est un groupe français originaire de Montpellier qui mixe musique rock et techno. *Le Mobilier*, de leur deuxième album *Installation Sonore*, fut le *single* qui les propulsa sur la scène internationale de la *dance-music*.

ROCHE, Édouard Albert (1820-1883) – Astronome et mathématicien français d'origine montpelliéraine, célèbre pour sa théorie sur la formation des anneaux de Saturne par destruction d'une lune par les forces gravitationnelles de la planète.

ROCKSTORE – Ce bar musical est une antenne de la nuit montpelliéraine. Connue des noctambules, cette salle de spectacles arbore à son entrée le pont arrière d'une Cadillac rouge. Garage au début du xxe siècle, salle de cinéma dans les années 1930, haut lieu du disco dans les *seventies*, rebaptisé Rockstore en 1986, il accueille aujourd'hui des artistes contemporains électro, R & B, pop et bien sûr rock.

RONDELET, Guillaume (1507-1566) – Ce médecin natif de Montpellier a dirigé la chaire de médecine et assumé les fonctions de chancelier de la faculté. Décelant dans l'anatomie l'avenir de sa discipline, il inspire la construction d'un amphithéâtre dans lequel il conduit la dissection de cadavres. Il influence de nombreux scientifiques de son temps et reste célèbre pour sa monumentale *Histoire des poissons*, dont la rigueur scientifique suscite toujours l'admiration. Ami de Rabelais, il sert de modèle inversé au personnage du docteur Rondibilis dans le *Tiers Livre*.

EN NOS VERTES ANNÉES

Montpellier au xvie siècle, « qui n'a que cinq siècles d'existence », sert de toile de fond au deuxième tome de la célèbre saga de Robert Merle, *Fortune de France*. Entrant par la porte de la saulnerie « ainsi appelée […] parce que c'était la voie qu'empruntaient les charrois de sel », les frères de Siorac vont fréquenter l'un le collège de médecine, l'autre l'officine des apothicaires. On y suit les chemins difficiles pris par la science et l'humanisme pour échapper à l'obscurantisme religieux, et on croise Rondelet en son amphithéâtre d'anatomie, Schyrron, Saporta et Bocaud, tous appartenant à la religion réformée, car « de l'usage habituel du libre examen, les docteurs dont il s'agit étaient placés bien au-dessus des préjugés des prêtres et de la temporelle commune opinion ».

D'après Robert Merle, *En nos vertes années, Fortune de France,* tome 2 (édition de Fallois, 1992, Le livre de poche, p. 87, 89 et 200).

ROTA, Jérôme (1972-) – Originaire de Montpellier, cet infographiste et directeur technique dans une agence de publicité a inventé et commercialisé le format de compression vidéo DivX, qui connaît un succès fulgurant grâce aux échanges de fichiers sur les réseaux

Concert de rock au Rockstore. ▶

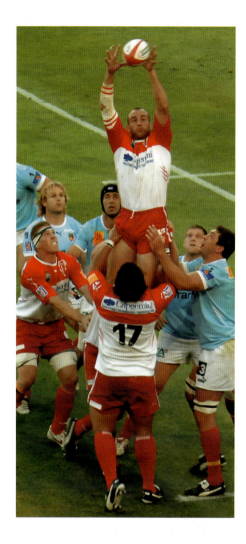

◀ *Rugby au stade de la Mosson.* ▶

peer-to-peer et dont le décodeur est aujourd'hui intégré aux platines DVD.

ROUQUETTE, Max (1908-2005) – Écrivain de langue occitane né à Argelliers, près de Montpellier, il est un héritier des troubadours et l'auteur d'une œuvre foisonnante (prose, poésie, théâtre) véritablement connue depuis sa traduction en français. Son style, ses histoires, ses motifs ont joué un rôle majeur dans la sauvegarde de la culture et de la littérature occitanes. *Le Tourment de la Licorne* (1988) et *Verts Paradis* (1995) restent ses œuvres les plus bouleversantes. Une place de Montpellier porte son nom.

ROUSSEAU, Jean-Jacques (1712-1778) – Le numéro 26 de la rue Basse a accueilli le philosophe lors de son séjour dans la ville. Il aurait fortement apprécié l'excellence de la cuisine languedocienne et aimait faire « un tour à la Canourgue » où il déjeunait.

ROUTES ET AUTOROUTES – Montpellier est desservie par deux autoroutes : au nord, l'A75, la Méridienne, de Clermont-Ferrand à Pézenas, ouvre le Massif central vers les régions du Midi ; au sud, l'A9, la Languedocienne, alimente le pourtour méditerranéen du Perthus à Orange. Le réseau des nationales densifie le maillage routier autour de Montpellier, relié par la N109 à Clermont-l'Hérault, par la N110 à Alès, par la N112 à Béziers, Castres et Albi, et sur la N113 qui va de Bordeaux à Marseille.

RUGBY – Le rugby montpelliérain a longtemps vécu dans l'ombre du voisin biterrois, mais ses racines sont profondes puisque le premier club de la ville date de 1900. Après plusieurs années de conflits locaux, de mauvaise gestion et d'inconstance des résultats, le Montpellier Hérault Rugby Club (MHRC) s'est doté d'un centre de formation performant, a remporté le championnat de Pro D2 (2003), la coupe d'Europe Parker Pen Shield (2004) et s'est maintenu dans le Top 14, l'élite du rugby français, pour devenir le meilleur club du département.

S

Église Saint-Roch.

SAINT-CHARLES – L'hôpital Saint-Charles a fermé définitivement ses portes en 2000. Ce site très proche de l'Écusson a été vendu par le CHU pour être transformé en résidences et bureaux, tandis que l'université Paul Valéry réglera son problème d'exiguïté en installant une partie de ses locaux dans l'ancien hôpital général.

SAINT ROCH (1340-1378) – Fils unique d'un consul montpelliérain, il fait des études de médecine dans sa ville natale. À sa majorité, il distribue ses biens aux pauvres et part en pèlerinage pour Rome. Sur son chemin, il soigne les malades atteints de la peste, avant de l'attraper lui-même. Et son histoire devient légende : pour n'infecter personne, il se retire dans une forêt près de Plaisance, avec pour seul compagnon un chien, qui lui apporte chaque jour un pain dérobé à la table de son maître. Ce dernier, intrigué, suit l'animal et découvre saint Roch à qui il porte assistance. Vers 1370, défiguré par les stigmates de la maladie, il retrouve Montpellier en proie à la guerre civile. Pris pour un espion, il est jeté en prison. Par humilité, il ne révèle pas son identité et meurt de misère avant que la méprise ne soit levée. Les Montpelliérains lui élevèrent une église, ont donné son nom à la gare de TGV et vénèrent son souvenir le 16 août, notamment par la visite du puits Saint-Roch, sa maison natale.

LA STATUE DE SAINT ROCH

À l'angle de la rue de la Vieille-Aiguillerie et du Pila Saint-Gély, à 5 m de hauteur, on peut voir une statue de saint Roch, qui marque l'endroit où, en 1322, au retour de son voyage de douze années en Italie, il s'écroula, épuisé de fatigue, sous le regard compatissant de son chien fidèle.

SAINTE-ANNE – L'église Sainte-Anne, construite au XIIIe siècle, détruite pendant les guerres de religion, puis reconstruite dans un style néogothique en 1869, possède un clocher qui culmine à 70 m de hauteur et est visible de partout dans la ville. Désacralisée, l'église est devenue le carré Sainte-Anne, salle d'exposition municipale. La rénovation des abords de la place Sainte-Anne a attiré des métiers d'art (ébénistes, luthiers, modistes, créateurs de vêtements, de bijoux, antiquaires) et redynamisé un quartier que ses habitants comparent aujourd'hui volontiers à un petit Montmartre.

SANOFI-AVENTIS – Sanofi-Synthélabo s'installe à Montpellier en 1972. Depuis l'acquisition d'Aventis en 2004, il est devenu le troisième groupe pharmaceutique mondial et emploie 17 000 personnes à travers le monde dans le domaine de la recherche pharmaceutique. Acteur majeur de l'économie régionale, Sanofi-Aventis va investir 250 millions d'euros pour développer son site montpelliérain et y concentrer 10 % de ses effectifs à l'horizon 2010. Les principaux secteurs de recherche du site concernent l'élaboration et la synthèse de médicaments contre le dysfonctionnement du système nerveux central (Parkinson, Alzheimer, dépression, etc.) et en oncologie (traitements contre le cancer).

SANTÉ – Montpellier compte un important réseau hospitalier avec un CHU regroupant les hôpitaux Arnaud de Villeneuve, Gui de Chauliac, l'historique Saint-Éloi, le centre psychiatrique de la Colombière, et les hôpitaux Bellevue et Antonin Balmes. Plusieurs cliniques privées complètent l'offre de services de santé. En amont, l'université de médecine et les nombreux centres et laboratoires de recherches assurent l'avenir de la discipline.

SAPEURS-POMPIERS – Le corps des sapeurs-pompiers, composé de volontaires pour la majorité et de professionnels, reste très représenté à Montpellier et dans son agglomération. Les garrigues environnantes, la densité du réseau routier et une population importante rendent leur action indispensable. La ville compte deux centres de secours principaux situés à la Paillade côté nord et Montaubérou côté sud. Le Service départemental d'incendie et de secours administre, encadre et gère l'ensemble des sapeurs-pompiers de l'Hérault. Il regroupe bureaux, terrains d'entraînement et de formation, ainsi qu'un centre opérationnel, à proximité de la commune de Vailhauquès. Le travail des sapeurs-pompiers est favorisé par l'entente avec le Samu, la fiabilité et la disponibilité des services d'urgences hospitalières.

SAURAMPS – Fondée en 1946 par le poète Pierre Torreilles, la librairie Sauramps est l'une des plus grandes vitrines de l'édition française. Librairie indépendante, elle est devenue un pôle culturel incontournable (plus de 120 rencontres et débats dans l'année 2006). Ses quatre enseignes sur la ville proposent, en plus des livres (150 000 références), une offre multiproduit incomparable destinée à tous les publics.

SCAGLIER, Joseph (1540-1609) – Humaniste et philologue amoureux de Montpellier, il laisse au travers d'une citation la merveilleuse vision qu'il garde de la ville : « Si j'étais en état de vivre dans un lieu qui me serait le plus agréable, je choisirais la ville de Montpellier, et j'en ferais le nid de ma vieillesse. Il n'est point d'endroit où l'on puisse passer plus doucement ses jours, soit qu'on ait égard à la bonté de l'air, soit aux mœurs des habitants et aux commodités de la vie. »

SCEAU DE LA VILLE – Symbole du pouvoir de l'administration municipale, utilisé à partir de la création du consulat de Montpellier vers 1204, il authentifie les actes de la vie municipale. Sceau de cire jaune, il est conservé aux archives municipales, et représente, côté pile, une vierge nimbée assise sur un siège et tenant l'enfant sur ses genoux, côté face, l'enceinte de la ville sur une colline avec églises et tours.

BLASONS

« D'azur à la vierge de carnation vêtue d'une robe de gueules et d'un manteau du champ, assise sur un trône antique d'or, tenant l'Enfant Jésus aussi de carnation

Église Sainte-Anne. ▶

vêtu d'azur, le tout surmonté des lettres A et M onciales d'argent et soutenu en pointe d'un écusson du même chargé d'un tourteau de gueules. » L'écusson *d'argent au tourteau de gueules* constitue les armes des Guilhem, les seigneurs de Montpellier. Les lettres A et M signifient « *Ave Maria* ». La vierge représentée est Notre-Dame-des-Tables.

SERM – Créée en 1961, la Société d'économie mixte de la région montpelliéraine (SERM) réunit les collectivités publiques de l'agglomération de Montpellier et les principaux acteurs du développement local. Détenue à plus de 40 % par la ville, elle forme une société d'économie mixte ouverte aux actionnaires privés, qui apporte un soutien et une logistique indispensables au développement et à la mise en valeur du patrimoine urbain de Montpellier. Au cours des dix dernières années, la Serm a investi 500 millions d'euros dans l'aménagement de nouveaux quartiers d'habitation, de parcs d'activités d'accueil d'entreprises et de construction d'équipements publics et privés. La Serm s'appuie sur une équipe de 70 personnes pour mener à bien ses missions.

SIMON, Émilie (1980-) – Fille d'un père ingénieur du son et d'une mère musicienne, Émilie Simon fréquente le conservatoire de Montpellier et décroche un DEA en musiques contemporaines. Compositeur et interprète, elle mélange des instruments classiques et des réarrangements électroniques, explorant des contrées musicales inattendues, animée d'une grande curiosité artistique et d'un perpétuel désir de renouvellement. Elle a remporté deux victoires de la musique, en 2004 pour son premier album et en 2006 pour la bande originale de *La Marche de l'empereur*.

◀ Compétition de judo en plein air.

SOULAGES, Pierre (1919-) – Peintre spécialiste du noir-lumière, l'*outrenoir*, il s'est rendu maître de l'art du clair-obscur. Ses tableaux font appel à des reliefs, des entailles, des sillons dans la matière noire qui créent des jeux de lumière et de couleurs. Il connaît une renommée parisienne après-guerre, puis la reconnaissance internationale de son travail, avec aujourd'hui plus de 150 de ses peintures exposées dans les plus grands musées du monde. Une gloire qu'il doit peut-être un peu au musée Fabre, qu'il fréquenta assidûment pendant la guerre avant que Montpellier ne soit à son tour occupée.

SPORT – Montpellier bénéficie d'infrastructures de qualité pour ses clubs professionnels et amateurs : le MHSC joue au stade de la Mosson, 35 000 places, qui a accueilli la Coupe du monde de football 1998 ; Montpellier Handball évolue au palais des sports René Bougnol, qui peut accueillir 3 000 spectateurs ; le rugby attend pour 2007 la livraison du stade Yves du Manoir, 12 000 places. D'autres équipes montpelliéraines font parler d'elles, comme les hockeyeurs des Vipers, qui bénéficient de la patinoire Végapolis, les volleyeurs du Montpellier Université Club, les Barracudas de Montpellier Castelnau Baseball ou l'équipe féminine de basket-ball de Montpellier-Lattes. Le stade Philippides pour l'athlétisme, la piscine olympique Antigone pour la natation et le water-polo, ou les nombreux terrains de pétanque de la ville autorisent la pratique de nombreux autres sports.

Palais des sports Pierre de Coubertin. ▶

◀ *La Foire internationale : un temps fort de Montpellier.*

T

TAMBOURIN – Pas l'instrument de musique, mais la peau tendue dans un cercle de bois qui permet de pratiquer un jeu de balle opposant deux équipes de cinq selon des règles proches du tennis. Sport traditionnel, le tambourin est encore pratiqué par 5 000 licenciés, dont plus de 80 % habitent dans l'Hérault.

TECHNOLOGIE – L'activité économique de l'agglomération montpelliéraine repose sur différents pôles technologiques implantés sur des sites mis à disposition par la commune : Euromédecine (santé), Agropolis (agronomie et biologie), Héliopolis (tourisme et loisir), Communicatique (informatique et électronique) et Antenna (communication).

TECHNOPOLE – Montpellier porte les ambitions d'une technopole, c'est-à-dire « une ville autonome, porteuse en elle-même de son propre développement économique, parce qu'elle comprend que l'urbanisme, la recherche, l'enseignement, la formation, la culture et le sport sont indissociables de l'économie » (Georges Frêche). C'est à partir de ce concept que Montpellier s'est muée en plate-forme du développement économique de la région.

TÉLÉGRAPHE CHAPPE – Claude Chappe (1763-1805) est l'inventeur d'un télégraphe aérien qui permettait la transmission de messages au moyen de signaux obtenus à l'aide de bras articulés établis sur des séries de tours. À Montpellier, la tour de la Babote, en raison de sa hauteur et de sa situation en centre-ville, a été utilisée comme poste du télégraphe Chappe jusqu'en 1855.

TEMPLES – Au Moyen Âge et jusqu'à la révocation de l'édit de Nantes en 1685, Montpellier est une place forte protestante, comme en témoignent les nombreux temples construits dans la ville, la plupart détruits à la fin du XVIIe siècle. Il ne reste aujourd'hui que le temple de l'église réformée, rue Maguelone, unique survivant d'un monopole religieux oublié. D'autres vestiges rappellent la présence protestante comme le petit temple de l'actuelle place Saint-Côme ou le temple de la loge occupant vers 1560 l'enceinte de Notre-Dame-des-Tables.

TERTIARISATION – Le secteur tertiaire est leader dans le bassin d'emploi de Montpellier. Ville riche et bourgeoise, Montpellier fut longtemps caractérisée par son activité commerciale. Dès 1891, seuls 15 % des actifs étaient employés dans l'industrie contre 75 % dans le tertiaire, dont 50 % dans le commerce et les banques. Après-guerre, l'émergence d'une capitale régionale conduit à la création et au transfert de nombreux emplois administratifs, tandis que la municipalité favorise l'implantation du tertiaire supérieur. Aujourd'hui, la concentration de centres de recherche et d'enseignement supérieur dans les domaines informatique, électronique, agro-industriel et biomédical crée une synergie des compétences et des activités propice à l'installation d'entreprises de hautes technologies. En 2004, Montpellier comptait 12 615 entreprises tertiaires (85 % des établissements de la ville) faisant travailler plus de 100 000 personnes, soit 90 % des emplois de la ville.

RÉPARTITION DES EMPLOIS DU SECTEUR TERTIAIRE DE LA VILLE DE MONTPELLIER

Emplois tertiaires	Effectifs
Commerce et réparation	11 360
Transports	3 594
Activités financières	4 489
Activités immobilières	2 279
Services aux entreprises	20 668
Services aux ménages	8 424
Éducation, santé et action sociale	28 803
Administration	20 670
Total tertiaire	100 287

Sources : CCI Montpellier et Insee, 2000.

THÉRIAQUE – Célèbre pommade ou onguent dont les vertus pharmaceutiques sont aujourd'hui incertaines mais dont la réputation de remède miracle contre les morsures de serpents fit la fortune des apothicaires de la ville au Moyen Âge. On retrouve encore la marque de cette préparation sur d'anciennes faïences et pots à pharmacie.

TORREILLES, Pierre (1921-2005) – Écrivain et poète couronné de nombreux prix, il est aussi un amoureux des livres qui s'installe à Montpellier à la Libération pour y fonder la librairie Sauramps.

TOURISME – Le tourisme est un secteur clé de l'économie montpelliéraine et un puissant moteur de l'aménagement de la ville. La richesse et la diversité de l'environnement et du patrimoine forment un site attractif qui laisse cependant échapper une partie de la manne touristique : Montpellier est le lieu le plus visité de la région avec 300 000 visiteurs chaque année, mais n'accueille que 10 % de l'offre hôtelière de Languedoc-Roussillon, ce qui entraîne des séjours courts et une surreprésentation de la clientèle de proximité rentrant chez elle le soir. Les touristes viennent surtout en été, sont jeunes (54 % des visiteurs ont moins de 35 ans) et plutôt aisés. Deux sur cinq sont étrangers, les Britanniques étant les plus séduits. Enfin, le tourisme d'affaires est en plein essor sous l'impulsion de la filière *Enjoy* de l'office du tourisme.

MONTPELLIER VUE PAR LES TOURISTES

Les touristes interrogés à Montpellier ont beaucoup aimé la ville et son architecture. Parmi les lieux qui retiennent particulièrement leur attention, on peut citer l'Écusson, la Comédie, Antigone, l'Esplanade. Toutefois, ils citent surtout les atouts de son environnement littoral (soleil, mer, plage), indice du tropisme des rivages qui motive le départ en vacances et ne fait de Montpellier qu'une étape vers les stations balnéaires. Ainsi sont-ils agacés par ce qui leur rappelle leur univers urbain, comme les travaux liés au tracé du tramway et les embouteillages qui en résultent. Au final cependant, ils trouvent en majorité la ville accueillante et sympathique.

Enquête de comportements touristiques, CCI Montpellier, 1999, réactualisation en 2005.

Office de tourisme. ▶

UN AUTRE POINT DE VUE : MONTPELLIER PAR STENDHAL

Parmi les personnalités de passage à Montpellier, Stendhal est sans doute la plus virulente. Voyageur littéraire, il publie *Mémoires d'un touriste* en 1837 et *Voyages dans le Midi* en 1838, où il décrit les cités qu'il a traversées. Dans le premier, Montpellier est dépeinte comme « une fort jolie ville bâtie sur un tertre », mais le second fait place à l'amertume de l'auteur, qui se plaint des douze heures d'un voyage harassant depuis Narbonne. À son arrivée, la ville et sa population ne lui inspirent plus que du dégoût : « Montpellier est une des plus laides villes que je connaisse, mais d'une laideur à elle, qui consiste à n'avoir pas de physionomie. [...] Montpellier est le pays des médecins et par conséquent des malades riches. Tous les Anglais poitrinaires, mélancoliques, viennent y mourir. »

TRAIN – Montpellier appartient au club fermé des villes pionnières du chemin de fer. La deuxième ligne ferroviaire apparue en France fut inaugurée en 1839 entre Montpellier et Cette (Sète). La gare de l'époque ou « embarcadère », construite en 1844, ouvrait ainsi un débouché maritime, notamment pour l'exportation de houilles et de vin. En 1845, une ligne Montpellier-Nîmes aurait dû favoriser l'essor commercial de la région, mais les rivalités entre les compagnies ferroviaires de l'époque (Midi et PLM) et les erreurs d'appréciation des hommes politiques locaux sur l'importance du transport ferroviaire allaient faire prendre un retard considérable à l'économie montpelliéraine.

◀ *Le tramway devant la patinoire Végapolis.*

TRAMONTANE – Vent froid, sec et turbulent, qui souffle dans le sens nord-ouest. Il s'accélère en Languedoc-Roussillon, pris en étau entre les Pyrénées et le Massif central. Il peut être violent et souffle fréquemment à Montpellier.

TRAMWAY – L'arrivée du tramway a constitué un aménagement majeur pour les habitants qui sont 115 000 à l'emprunter chaque jour. Pour compléter la ligne 1, qui relie d'est en ouest Odysseum à la Paillade en passant par la Comédie, deux autres lignes sont en construction : la n° 2 sur un axe nord-est/sud-ouest, bientôt en circulation entre Jacou et Saint-Jean-de-Védas, et la n° 3, de Juvignac à Pérols, prévue à l'horizon 2009.

TRANSPORT URBAIN – La Société des transports de l'agglomération de Montpellier (TaM) administre la gestion des transports en commun à l'intérieur de la ville et de plusieurs parcs de stationnement. À côté du tramway, grand succès populaire, le dispositif de transport urbain est complété par 15 lignes de bus urbaines, presque autant de lignes suburbaines vers les communes de l'agglomération, et deux lignes nocturnes, Rabelais et Amigo, cette dernière assurant la desserte des boîtes de nuit.

La ligne 2 du tramway. ▶

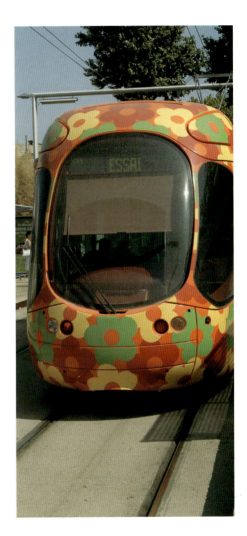

U

URBAIN V (1310-1370) – Originaire du Gévaudan, Guillaume Grimoard étudie à Montpellier, où il est reçu docteur en droit canon. Devenu pape à Avignon sous le nom d'Urbain V, il prend la ville sous sa protection et assure son prestige intellectuel en favorisant la création d'écoles et d'universités. Le soutien de la papauté persiste pendant le Grand Schisme et contribue au rétablissement d'une situation tolérable dans la ville, durement éprouvée par la crise du XVIe siècle.

LA GÉNÉROSITÉ D'URBAIN V ENVERS MONTPELLIER

« Le monastère Saint-Benoît est le témoignage de la fastueuse générosité du pape à l'égard de Montpellier. C'est à des artistes italiens et français et aux largesses de la cour pontificale qu'on doit un trésor somptueux d'or, d'argent et de pierreries, reliquaires, statues, croix, bassins, calices et lampes, dont un inventaire de 1493 permet d'évoquer la chatoyante splendeur. [...] En 1367, Urbain V visita longuement Montpellier et y reçu un accueil enthousiaste. Il autorisa les marchands de cette ville à envoyer à Alexandrie une fois deux nefs, une autre fois six nefs, malgré les censures ecclésiastiques qui prohibaient le commerce avec les Infidèles, c'est-à-dire avec l'Égypte et la Syrie. »
Gérard Cholvy (dir.), *Histoire de Montpellier* (Privat, 1985, p. 84).

URBANISATION – Depuis le milieu des années 1980, la dispersion de l'habitat autour de Montpellier ralentit, l'extension de l'aire urbaine procédant plutôt par la densification des espaces encadrant le centre-ville. Les deux premières couronnes (tranches de 10 km à partir du cœur de ville) comptent aujourd'hui trois fois plus d'habitants que la ville centre. La conséquence première de la densification des couronnes proches est la multiplication des déplacements périphériques, que le tracé des lignes du tramway vise à canaliser vers le centre. Les emplois se desserrant moins vite que les habitants, le trajet moyen domicile-travail des actifs de l'aire montpelliéraine s'est allongé en moyenne de 5 km en trente ans, une augmentation qui reste très raisonnable par rapport aux autres unités urbaines française.
D'après Daniel François, *Repères*, Insee Languedoc-Roussillon, n° 5, mai 2004.

URSULINES – Le couvent des Ursulines, entre les rues Sainte-Ursule et Louis-Blanc, a été construit en 1670, puis transformé en prison pour femmes en 1805, curieux raccourci de l'histoire évoquant la discipline religieuse qui y régnait peut-être. Foin d'austérité, il accueille aujourd'hui des spectacles de danse.

◄ *Végapolis : la patinoire olympique.*

Couvent des Ursulines. ►

◀ Vendanges autour de Monpellier. ▶

V

VALÉRY, Paul (1871-1945) – Natif de Sète, il a fait ses études à Montpellier. Sa poésie symboliste privilégie la maîtrise formelle sur le sens et l'inspiration. Comblé d'honneurs entre les deux guerres (Académie française, Collège de France), il refuse la collaboration sous l'Occupation. Il meurt après la Victoire de la France et reçoit des funérailles nationales à la demande de De Gaulle. Il est inhumé au cimetière marin de Sète. L'université Montpellier 3 porte son nom.

VÉGAPOLIS – La patinoire de Montpellier est ouverte depuis décembre 2000 dans le quartier d'Odysseum. Elle comprend une piste olympique de 1 800 m² de glace avec gradins modulables et une piste ludique de 1 300 m² agrémentée de dénivelés, d'un tunnel lumineux et d'espaces à thèmes. Elle accueille les clubs de patinage artistique et de hockey sur glace.

VÉLO – La ville propose 150 km de pistes cyclables, de nombreux points d'attache, 1200 places de stationnement de deux-roues réparties entre cinq parcs gratuits, et offre la possibilité de transporter son vélo dans le tramway en dehors des heures de pointe.

VERDANSON – Ruisseau affluent du Lez, il coule dans Montpellier en grande partie enterré et endigué. Autrefois, il servait de déversoir aux tanneurs de la ville et les habitants l'appelaient Merdançon en raison de l'odeur pestilentielle qui s'en échappait. Par temps d'orage, son débit, insignifiant d'ordinaire, emplit en quelques minutes tout l'espace de la digue qui lui est réservé.

VIEILLE-INTENDANCE – Montant vers la place de la Canourgue, la rue de la Vieille-Intendance abrite au numéro 9 un hôtel du même nom, datant du XVIIe siècle, et occupé alors par l'intendant royal de la province. D'autres hôtes célèbres y séjournèrent, la grande Mademoiselle le temps d'une nuit, mais aussi plus tard Auguste Comte et Paul Valéry.

VIEN, Joseph-Marie (1716-1809) – Peintre natif de Montpellier, il est admis à l'Académie royale de peinture et de sculpture en 1754, où il crée un studio dans lequel il formera de nombreux disciples, dont David. Il est le père du néoclassicisme en peinture.

VIN – Montpellier est environné de vignes dont les productions se retrouvent sur les tables de la ville (vins rouges Saint-Saturnin et Montpeyroux, vin blanc Picpoul de Pinet). Il s'agit de la plus grande région viticole d'un seul tenant au monde. Les vignobles juste autour de Montpellier ne sont pas les plus renommés de la région mais réservent de bonnes surprises aux amateurs de vins (AOC Coteaux du Languedoc-Grés de Montpellier, cru Pic Saint-Loup).

LES MANIFESTATIONS VITICOLES DE 1907

En 1906, la situation des viticulteurs du midi devient dramatique : la surproduction viticole, les importations

anarchiques et les pratiques frauduleuses provoquent la chute des cours du vin et entraînent une série de manifestations populaires dans tout le Languedoc. La première se déroule le 9 juin 1907 et rassemble un million de personnes à Montpellier. À Narbonne, les manifestations dégénèrent et font un mort. À Béziers, le 17e régiment d'artillerie rejoint les manifestants. L'Assemblée nationale prend alors des mesures afin de prévenir le mouillage et le sucrage des vins, qui déboucheront sur la mise en place des appellations d'origine pour un meilleur contrôle de la qualité des vins. En 2007, on célèbre le centenaire de ces manifestations.

Z

ZOO – Le parc du Lunaret accueille déjà 500 000 visiteurs par an et la ville compte encore le développer afin de mieux protéger les espèces menacées, sensibiliser le public à ces menaces et améliorer le divertissement offert au public. Au nord du zoo, on trouve des animaux d'Afrique du Nord, d'Europe et d'Asie, au centre un îlot australien, et au sud des espèces d'Amérique du Sud et Madagascar pour un total de plus de 500 animaux. La serre tropicale, dont les travaux s'achèveront début 2007, permettra de s'immerger dans la flore et la faune amazonienne.

◀ *Au parc du Lunaret.*   *Future serre tropicale.* ▶

TABLE DES MATIÈRES

Préface, *Hélène Mandroux* 7
Avant-propos, *Jean Viard* 9
Introduction 15

1. l'esprit des lieux 23
    Un millénaire pour apprendre à vivre ensemble 24
    L'écorce vive de Montpellier 26
    Une croissance vertigineuse 33
    La remue des hommes et le foisonnement des cultures 37
    Sciences et pouvoirs 40
    Les matrices d'une technopole 46
    Être montpelliérain 52

2. dictionnaire 55

Achevé d'imprimer en décembre 2006
pour le compte des éditions de l'Aube
Le Moulin du Château, F-84240 La Tour d'Aigues

Crédit photographique : Ville de Montpellier

Conception éditoriale : Sonja Boué
Conception graphique : Antoinette Sturbelle
Mise en page : Isabelle Mercier

Numéro d'édition : 1214
Dépôt légal : janvier 2007

Imprimé en Europe